闽西职业技术学院 MINXI VOCATIONAL & TECHNICAL COLLEGE

国家骨干高职院校项目建设成果
——旅游管理专业

导游业务

黄宇方 ◎ 主编

厦门大学出版社
XIAMEN UNIVERSITY PRESS
国家一级出版社
全国百佳图书出版单位

图书在版编目(CIP)数据

导游业务/黄宇方主编. —厦门:厦门大学出版社,2016.11
(闽西职业技术学院国家骨干高职院校项目建设成果.旅游管理专业)
ISBN 978-7-5615-6220-8

Ⅰ.①导… Ⅱ.①黄… Ⅲ.①导游-业务-高等职业教育-教材 Ⅳ.①F590.633

中国版本图书馆 CIP 数据核字(2016)第 203980 号

出 版 人	蒋东明
责任编辑	江珏玗
封面设计	蒋卓群
美术编辑	李嘉彬
责任印制	许克华

出版发行	厦门大学出版社
社　　址	厦门市软件园二期望海路 39 号
邮政编码	361008
总 编 办	0592-2182177　0592-2181253(传真)
营销中心	0592-2184458　0592-2181365
网　　址	http://www.xmupress.com
邮　　箱	xmupress@126.com
印　　刷	厦门市万美兴印刷设计有限公司

开本	787mm×1092mm　1/16
印张	9.5
插页	2
字数	232 千字
版次	2016 年 11 月第 1 版
印次	2016 年 11 月第 1 次印刷
定价	22.00 元

本书如有印装质量问题请直接寄承印厂调换

厦门大学出版社
微信二维码

厦门大学出版社
微博二维码

总 序

国务院《关于加快发展现代职业教育的决定》指出,现代职业教育的显著特征是深化产教融合、校企合作、工学结合,推动专业设置与产业需求对接、课程内容与职业标准对接、教学过程与生产过程对接、毕业证书与职业资格证书对接、职业教育与终身学习对接,提高人才培养质量。因此,校企合作是职业教育办学的基本思想。

产教融合、校企合作的关键是课程改革。课程改革要突出专业课程的职业定向性,以职业岗位能力作为配置课程的基础,使学生获得的知识、技能满足职业岗位(群)的需求。至 2014 年 6 月,我院各专业完成了"基于工作过程系统化"课程体系的重构,并完成了 54 门优质核心课程的设计开发与教材编写。学院以校企合作理事会为平台,充分发挥专业建设指导委员会的作用,主动邀请行业、企业"能工巧匠"参与学院专业规划、专业教学、实践指导,并共同参与实训教材的编写。教材是实现产教融合、校企合作的纽带,是教和学的主要载体,是教师进行教学、搞好教书育人工作的具体依据,是学生获得系统知识、发展智力、提高思想品德、促进人生进步的重要工具。根据认知过程的普遍规律和教学过程中学生的认知特点,学生系统掌握知识一般是从对教材的感知开始的,感知越丰富,观念越清晰,形成概念和理解知识就越容易;而且教材使学生在学习过程中获得的知识更加系统化、规范化,有助于学生自身素质的提高。

专业建设离不开教材,一流的教材是专业建设的基础,它为课程教学提供与人才培养目标相一致的知识与实践能力的平台,为教师依据教学实践要求,灵活运用教材内容,提高教学效果,完成人才培养要求提供便利。由于有了好的教材,专业建设水平也不断提高,因此在福建省教育评估研究中心汇总公布的福建省高等职业院校专业建设质量评价结果中,我院有 26 个专业全省排名进入前十名,其中有 15 个专业进入前五名。麦可思公司 2013 年度《社会需求与培养质量年度报告》显示,我院 2012 届毕业生愿意推荐母校的比例为 68%,比全国骨干院校 2012 届平均水平 65% 高了 3 个百分点;毕业生对母校的满意度为 94%,比全国骨干院校 2012 届平均水平 90% 高了 4 个百分点,人才培养质量大大提升。

闽西职业技术学院院长、教授

2015 年 5 月

前　言

在国家大力发展职业教育的方针指引下,全国高等职业教育蓬勃发展,提出高等职业教育要"以服务为宗旨,以就业为导向",采用"工学结合"的培养模式,实现培养技术、生产、管理和服务第一线高级技能人才的目标。因此,高等职业教育的课程设置、内容选取、教学过程必须反映职业岗位对人才的要求以及对学生未来职业发展和学生综合能力培养的需要,体现职业性与实践性。

本书由闽西职业技术学院的黄宇方老师担任主编,全书按照项目化教学的编写模式,将全书分为四个模块:模块一是导游人员基本认知模块,包含导游服务的内涵、导游服务的产生与发展、导游人员的分类与职责、导游人员的职业道德四个子项目;模块二是导游服务规程模块,以地接导游、全陪导游、领队导游三种不同导游职业的服务规范为子项目,以三种导游员的接团服务流程进行子项目设计,以真实的导游接待任务为载体进行项目训练;模块三是导游服务技能模块,包含了导游语言技能、导游讲解技能和导游带团技能三个子项目;模块四是导游应变能力模块,包含游客个别要求的处理、常见事故的预防和处理、安全事故的预防和处理三个子项目。每个模块的子项目之下再分若干项目进行详细阐述和介绍。

本书是在多年教学改革经验的基础上,以职业能力培养为目标,以项目化教学为内容组织形式编写的,集中体现了学校教学和企业实践的有机统一。本书在编写过程中注重以高职学生的认识能力和认知规律为标准进行项目安排和任务设定;注重学校教育与地方需求的结合,融入地方导游带团技巧;注重校企合作,将企业的真实案例和导游实际带团操作融入教材中;增强教材的实用性;本书还注重以仿真的实践训练取代传统的理论知识教学,以期让学生达到教得会、学得进、用得上的教学目标。

在编写过程中,我们也参考、借鉴了国内导游业务研究方面的相关研究成果,并引用了其中的一些观点和资料,在此一并向他们表示感谢!

编　者

2016 年 10 月

目　录

模块一 | **导游人员基本认知模块**

项目 **1**
导游服务的内涵

【知识目标】掌握导游服务的内涵；掌握导游服务的地位和作用；熟悉导游服务的方式；了解导游服务的类型及实地口语导游始终处于主导地位的原因；了解导游服务的工作内容。

【能力目标】学生能够正确认识导游人员的工作性质，树立正确的导游服务意识。

《导游人员管理条例》中指出，导游服务是指导游人员接受旅行社的委派，接待或陪同游客旅行、游览，按照组团合同或约定的内容和标准向游客提供的旅游接待服务。该含义包含三方面内容：

其一，从事导游服务的导游人员是旅行社委派的，可以是专职的，也可以是兼职的。未受旅行社委派的导游人员，不得私自接待游客。

其二，导游服务是涵盖旅行社旅游产品销售前、销售中和销售后全过程的。多数导游人员是在陪同游客旅行、游览的过程中向其提供导游服务的；也有些导游人员是在旅行社于不同地点设立的柜台前接待客人，向客人提供旅游咨询，帮助客人联系和安排各项旅游事宜；还有的是向游客提供善后服务，进行质量回访。

其三，导游服务是按合同约定和标准要求提供的。导游人员向游客提供的服务，对于团体游客必须按组团合同的规定和导游服务质量标准实施，对于散客必须按事前约定的内容和标准实施。导游人员不得擅自增加或减少甚至取消项目，也不得降低导游服务的质量标准。

任务一　导游服务的工作范围

一、导游讲解服务

它包括口译服务和导游服务。口译服务包括现场参观访问和座谈、会见、交流、咨询等。导游服务包括物化导游（图文、声像）和口语导游（娱乐活动导游、流动游览讲解、沿途导游、现场导游）。

二、旅行生活服务

旅行生活服务贯穿于旅游活动的各个环节。首先保证游客各项活动的顺利进行，包括食住行游购娱的具体安排实施；其次，帮助游客处理和解决临时发生的问题和困难；再次，确保游客的安全。

三、市内交通服务

市内交通服务是指导游人员同时兼任驾驶员,为游客在市内和市郊旅行游览时提供的开车服务。这种服务在西方旅游发达国家比较多见。

任务二 导游服务的方式

一、图文声像导游

这是指利用导游图、旅游宣传品以及各类音像制品进行导游活动,也称物化导游方式,具有形象、生动、指导性明确等优点。它包括四种类型:

一是导游图、交通图、旅游指南、景点介绍册、旅游画册、旅游产品目录等;

二是有关旅游产品、专项旅游活动的宣传品、广告、招贴画以及旅游纪念品等;

三是有关国情介绍、景点介绍的录音带、录像带、电影、幻灯片等。

四是景区景点中所展示的游览线路图板、景点说明、景物注释、路标、警示牌等。

二、实地口语导游

实地口语导游,也称讲解导游方式,它是指导游员的现场口头语言服务。它包含三种状态:一是旅游目的地情况介绍、景区景点讲解等服务;二是回答游客的提问,满足游客咨询的服务;三是旅游游览中与游客的日常对话和交流沟通。

随着时代的发展、科学技术的进步,导游服务类型将往多样化、高科技化的方向发展。图文声像导游形象生动、便于携带和保存的优势将会进一步发挥,在导游服务中的作用将会进一步加强。然而,和实地口语导游相比,图文声像导游只能处于从属地位,起着减轻导游人员负担的辅助作用,实地口语导游将永远是最重要的,因为导游服务对象为有思想和目的的游客,而旅游是一种人际交往和情感交流活动,所以在现代旅游活动中更需要导游人员的富有人情味儿的服务。

任务三 导游服务的作用

一、纽带作用

(一)承上启下

导游人员是国家方针政策的宣传者和具体执行者,代表旅行社执行旅游计划,为游客安排和落实食、住、行、游、购、娱等各项服务并处理旅游期间可能出现的各种问题。同时,游客的意见、要求、建议乃至投诉,其他旅游服务部门在接待工作中出现的问题及他们的建议和要求，一般也通过导游人员向旅行社传递直至上达旅游行政管理部门。

（二）连接内外

导游人员既代表接待旅行社的利益，要履行合同，实施旅游接待计划，又肩负着维护游客合法权益的责任，代表游客与各旅游接待部门进行交涉，提出合理要求，对违反合同的行为进行必要的干预，为游客争取正当利益。另外，导游人员有责任向游客介绍中国，帮助他们尽可能多地了解我们的国家、人民、社会、文化和风俗民情以及国家的有关政策、法令等，同时又要多与游客接触，进行调查研究，了解外国，了解游客。

（三）协调左右

导游服务与其他各项旅游服务的服务对象是共同的，因而在目标和根本利益上是一致的。然而，在服务内容上又各有区别，各部门、各单位又有各自的利益，这种情况决定了它们之间既有相互依存、相互合作的一面，又有相互制约、相互牵制的一面。导游人员作为旅行社派出的代表，对饭店、餐馆、游览点、交通部门、商店、娱乐场所等企业提供的服务在时间上、质量上起着重要的协调作用。因为旅游服务中任何一个环节出问题，都会影响到整个旅游服务的质量。因此，导游人员既有义务协助有关旅游服务提供者，同时也有责任对这些部门的服务提出意见和建议，以使游客与旅行社签订的旅游合同得到履行。

二、标志作用

导游服务质量对旅游服务质量的高低起标志性作用。导游服务质量包括导游讲解质量、为游客提供生活服务的质量以及各项旅游活动安排落实的质量。导游人员与游客朝夕相处，因此，游客对导游人员的服务接触最直接、感受最深切，对其服务质量的反应也最敏感。

三、反馈作用

在消费过程中，游客会根据自己的需要对旅游产品的规格、质量、标准等做出这样或那样的反应。而导游人员在向游客提供导游服务的过程中，由于处在接待游客的第一线，同游客交往和接触的时间最长，对游客关于旅游产品方面意见和需求最了解。导游人员可充分利用这种有利条件，根据自己的接待实践，综合游客的意见，反馈到旅行社有关部门，促使旅游产品的设计、包装、质量得到不断改进和完善，从而更好地满足游客的需要。

四、扩散作用

如前所述，导游服务质量对旅游服务质量起着标志性作用，因而导游服务质量的高低在很大程度上决定着旅游产品的使用价值。游客往往通过导游人员带领游客进行旅游活动的情况来判断旅游产品的使用价值。如果导游服务质量高，游客感到满意，就会认为该旅游产品物有所值，而且在满载而归后，往往会以其亲身体验向亲朋好友进行义务宣传，从而扩大了旅游产品的销路。

项目 **2**

导游服务的产生与发展

> 【知识目标】掌握导游服务发展的主要趋势,能够结合现代互联网和社会的发展理
> 解导游的服务工作;了解导游服务的产生、发展是随着旅游活动形式和内容的变化而发
> 展的;重点掌握我国导游服务的发展。
>
> 【能力目标】学会将现代科技运用到导游工作中,让导游工作适应社会的发展。

任务一　导游服务的产生

一、古代的向导服务

(一)奴隶社会时期

导游服务是随着消遣性旅游活动的出现而产生的。随着人类社会由原始社会进入奴隶
社会,生产力的发展所带来的劳动剩余物归奴隶主占有,他们已不再满足于生活起居上的享
乐,而开始了以巡视、巡游为名义的享乐旅行。在旅行中,其臣仆簇拥前后,除随时侍奉外,
实际上也起着旅行向导的作用。

(二)封建社会时期

到了封建社会,经济的进一步发展和交通条件的改善,除帝王将相的巡游外,还出现了
士人、学子的漫游,特别是在封建社会的中后期,以求学为目的教育旅行、以保健为目的的疗
养旅行、以探险为目的的航海旅行、以经商为目的的跨国旅行等发展了起来。在这些旅游活
动中,往往配有熟悉路途的人做向导,他们不仅引路,还能介绍沿途的名胜、景点和当地的风
俗民情。他们提供的服务在某些方面已有些类似于现代的导游服务。不过,由于那时参加
旅游活动的人数不多,旅游活动的规模不大,人们当向导的机会很少,所以那些当向导的人
不可能以此为生,他们收受的只不过是游客赏赐的"盘缠"和"酒钱",最多只够做家庭补贴之
用。总之,在古代的旅游活动中,虽然产生了向导,提供了初期的导游服务,但是其偶然性的
成分很大,难以产生向导队伍。

二、近代的导游服务

旅游的发展与社会经济的进步密切相关。特别是自 18 世纪 60 年代开始、19 世纪 40

年代基本完成的产业革命,大大促进了生产力的发展和经济的繁荣,这不仅给人类社会带来了巨大的变化,也使得这一时期的旅游活动得到突破性的发展。正是在这种历史背景下,英国人托马斯·库克敏锐地发现了这一巨大商机并果断地采取了行动,从而成为近代旅行代理业的创始人。

1841 年 7 月 5 日,托马斯·库克通过多方努力,精心组织和安排了一次特殊的火车短途旅行,这次活动成为旅游发展史上的一个标志性事件。他利用包租火车的形式组织了570 人从莱斯特前往拉夫巴勒参加禁酒大会,往返行程 22 英里,每人收费 1 先令,免费提供带火腿肉的午餐及小吃,还有一个唱赞美歌的乐队跟随,这是世界上公认的第一次商业性团体旅游活动,标志着近代旅游活动的开端。在这次活动中,库克本人自始至终随团照料,可以说是近代旅游活动中导游全程陪同服务的最早体现。

1845 年库克在英国莱斯特正式成立了"托马斯·库克旅行社",开始专门从事旅行代理业务,"为一切旅游公众服务"是它的服务宗旨,这也是世界上最早创办的第一家商业性旅行社,其旅行社的问世标志着近代旅游业的诞生。也正是从这时候开始,职业导游应运而生,导游服务成为职业导游必须向旅游团提供的一项服务。

1846 年,库克的旅行社组织了一个 350 人的团队先后乘火车和轮船去苏格兰旅游,旅行社为每位成员分发了旅游活动日程表,还为旅行团专门配置了导游员带队。这是世界上第一次有商业性导游人员陪同的旅游活动。1855 年,库克采用团体包价形式组织了前往法国巴黎的旅游活动,于是开始出现了国际旅游活动。后来,库克本人又亲自带团成功地进行了环球旅游。随着国际旅游业务的拓展,国际导游员(领队)也应运而生。

托马斯·库克不仅开创了近代旅游业的先河,而且提供了众多成功的旅游模式。欧洲、北美诸国和日本纷纷仿效,先后组建旅行社或类似的旅游组织,招募导游员,带团在国内外参观游览。这样,不仅促进了导游队伍的形成,而且使导游服务成为旅行社必须向旅游团提供的一项服务。

三、现代的导游服务

第二次世界大战结束以后,人们的工资收入和支付能力不断提高,交通运输工具的快速便捷使人们外出旅游的时空距离大大缩短,普通大众也具有了外出旅游的能力。正是由于这些主要因素的推动,世界各地的旅游活动蓬勃兴起,迅速地走向大众化,进而成为人们的一种生活方式。

随着大众旅游的兴起,以向游客提供服务为主要特征的旅游业地位日益提升。旅游代理商如雨后春笋般大量出现,有组织的团体包价旅游成为现代旅游活动中最为普及的形式。在这种大众旅游模式中,导游人员所提供的导游服务作为各项旅游服务中最为重要的内容,起着非常关键的作用。导游人员通过为游客提供生动的讲解服务、周到的旅行生活服务等,使游客游览、审美的愿望和安全、舒适的旅行需求得到满足,导游人员则获取应得的报酬。因此,随着大众旅游活动的发展,导游作为一种新兴的职业,其人数不断增加,队伍迅速扩大,现在已发展成为一支人数众多、遍及全球的专业化导游队伍。

四、我国导游服务的发展历程

(一)起步阶段(1923—1949 年)

同欧美国家相比,中国近代旅游业起步较晚。20 世纪初期,一些外国旅游公司(前身即托马斯·库克父子旅游公司)、运通旅游公司开始在上海等地设立旅游代办机构,总揽中国旅游业务,雇用中国人充当导游。1923 年 8 月,上海商业储备银行总经理陈光甫先生在其同仁的支持下,在该银行下创设了旅游部,办理旅行业务,这是中国人自己经营的第一家旅行社。1927 年 6 月,旅游部从该银行独立出来,成立了"中国旅行社",其分支社遍布华东、华北、华南等 15 个城市,标志着中国旅游业的兴起。中国旅行社的创建标志着中国近代旅游业的形成,该旅行社聘用的导游人员也是我国最早的职业导游人员。与此同时,中国还出现了其他类似的旅游组织,如铁路游历经理处、公路旅游服务社等。此外,一些社会团体方面也相继成立了旅游组织,如 1935 年中外人士组成的中国汽车旅行社、1936 年筹组的国际旅游协会等。但是,由于近代中国社会动荡、经济落后,中国的导游服务发展十分缓慢,未能形成规模。

(二)开拓阶段(1949—1978 年)

新中国成立后,我国旅游事业有了进一步的发展。1949 年 11 月,厦门市接管了"华侨服务社",经过整顿,于 12 月正式营业,这也是新中国第一家旅行社。此后,泉州、宁波、广州、上海等地相继开办了华侨服务社。1954 年 4 月,"中国国际旅行社"在北京成立,成为我国第一个从事外国游客接待工作的机构,简称"国旅"。其任务主要是负责承办除外国政府代表团之外的外宾接待工作,为外宾在中国的食、住、行、游提供服务。

在此期间我国的导游队伍逐渐形成,规模有二三百人,会讲十几种语言。这时期的导游服务是作为外事接待工作出现的,旨在通过接待国际游客,向世界宣传新中国的社会主义建设成就,导游人员也被称为"五大员"(宣传员、调研员、服务员、安全员、翻译员)。这一时期的导游工作虽然只是一项政治工作和外事工作,但导游人员刻苦钻研,开创了具有中国特色的导游风格,为我国旅游事业的发展、总结导游工作经验,扩大我国在国际旅游市场中的影响都起到了重要作用。

(三)发展阶段(1978—1989 年)

中国共产党的第十一届三中全会后,我国实行对外开放政策,吸引了大批海外游客,国内旅游业也蓬勃发展。顺应旅游业的大好形势,1980 年 6 月,中国青年旅行社总社成立,简称"青旅",与国旅、中旅系统共同搭建起了我国旅行社业的主干框架。旅行社业逐步转变为以经营服务为主的经济性产业,导游工作也从外事接待进入以经济性接待为主的阶段。到 1988 年年底,全国旅行社近 1600 家,全国导游人员数量迅速增加到 25000 多人。

(四)全面建设导游队伍阶段(1989 年至今)

为了整顿导游队伍,提升导游服务质量和水平,适应我国旅游业大发展的需要,1989 年 3 月,国家旅游局在全国范围内推行了第一次"全国导游人员资格考试",自此,每年举行一次的全国性的导游资格考试成为导游人员的执业资格考试被固定下来。同年,中国旅游报社等单位发起了"春花杯导游大奖赛",以后又举办了多次全国导游大奖赛,对提高我国的导游服务水平、推进导游工作规范化的进程做出了贡献。

为进一步规范导游服务、加强导游管理,1995 年 12 月国家旅游局与国家技术监督局共同发布中华人民共和国国家标准《导游服务质量标准》。1996 年国家旅游局决定在全国范围内对导游人员进行等级工作评定,划分为初级、中级、高级、特级四个级别,进一步加强导游队伍建设。1999 年 5 月国务院颁发的《导游人员管理条例》标志着我国导游队伍的建设迈入了法律进程。

2001 年,国家旅游局颁发《导游人员管理实施办法》,决定启用 IC 卡导游证,实行导游计分制管理,并运用现代科学技术手段建立导游数据库。在全国范围内推行导游电子信息网络化管理。目前,导游人员资格考试制度,导游人员等级评定制度、导游人员年审制度和导游人员计分制度,已经成为我国导游队伍管理的主要制度。

为了整顿旅游市场管理混乱,坚决打击"黑导"、"收回扣"、"零负团费"等被广大游客诟病已久的旅游问题,推动旅游法制化进程,2013 年 4 月中华人民共和国主席令第 3 号公布《中华人民共和国旅游法》。该法实行以来,对规范旅游市场向法制化轨道发展,引导导游工作的规范化、法制化,促进导游队伍的健康发展,最终回归导游工作服务大众的本质,都起到了非常重要的作用。

据国家旅游局网站公布,截至 2013 年年底,全国登记注册导游共有 737720 名,他们正在为我国旅游业的蓬勃发展做出重要的贡献。与此同时,导游服务作为旅游服务的一部分,已经成为旅游产品价值实现的重要环节,构成了旅游产品的重要内容。

任务二　导游服务的发展趋势

一、导游工作高度知识化

导游服务是一种知识密集型的服务,即通过导游人员的讲解来传播文化、传递知识,促进世界各国、地区间的文化交流。在未来社会,人们的文化修养更高,对知识的更新更加重视,文化旅游、专业旅游、科研考察的发展,对导游服务将会提出更高的知识要求。

根据这一趋向,导游人员必须提高自身的文化修养,在掌握渊博知识的同时,使导游讲解的内容进一步深化,更具有科学性。这样,导游人员的讲解将更有说服力,不仅能同游客讨论一般问题,还能较深入地谈论某些专业问题。总之,在知识方面,导游人员不仅要成为"杂家",还要成为某一领域或某些方面的专家。

二、导游手段科技化

当今时代是互联网高度发展的时代,随着智能手机的高度普及,微信、微博以及各种应用软件的层出不穷,传统的导游手段已经不能够满足游客的需求,导游人员应当越来越多地将科技手段运用到导游工作中来。

导游人员一方面可以利用当下方便的互联网方式,帮助自己及时补充景点信息和旅游咨询;另一方面还可以将科技化运用在游览前或在游览现场引导游客参观游览的过程中,不仅让游客看到(听到)了旅游景观的现状,还进一步了解其历史沿革和相关知识,起到深化实地导游讲解和以点带面的作用。

三、导游方法多样化

旅游活动多样化的趋势,尤其是参与性旅游活动的兴起和发展,要求导游人员随之变化其导游方法。参与性旅游活动的发展,意味着人们追求自我价值实现的意识在不断增强。追求自我价值不仅体现在工作中,人们还将其转移到了娱乐活动之中。人们参加各种节庆活动,与当地居民一起活动、生活,还在旅游目的地学习语言、各种手艺和技能,甚至参加冒险活动等。这要求导游人员不仅要会说(导游讲解),还要能动,与游客一起参加各种活动。旅游活动的这一发展趋向对导游人员提出了更高的要求。未来的导游人员不仅是能说会道、能唱会跳、多才多艺的人,还要能动手,有强健的体魄、勇敢的精神,能与游客一起回归大自然参与绿色旅游活动,一起参加各种竞赛,甚至去探险。

四、导游职业自由化

从世界各国导游发展的历史来看,导游人员作为自由职业者是必然趋势。导游员不属于旅行社职工,不与旅行社签订劳动合同,而属于自由职业者范畴为常态。各旅行社通常储存着一些该旅行社所需导游员的信息,当旅行社业务需要时通知导游员,告知其工作内容或报酬等事项,经过协商达成一致的,形成口头或书面协议。他们身份自由、行动自由、收入自由,靠为游客提供良好的服务和高尚的职业道德取得社会认同,收入取决于带团机会,服务水平高、个人声誉好的带团机会就多,收入就高,体现了"优胜劣汰"的原则。目前,我国各地成立的导游协会就是这一趋势的反映。

项目 **3**
导游人员的分类与职责

> 【学习目标】掌握导游人员的概念;掌握导游人员的分类方式,重点掌握按业务范围的分类;了解导游人员的基本职责,熟悉各类导游人员的职责范围
> 【能力目标】学生能够对比不同类型的导游人员在职责范围方面的异同点

导游人员,是指依照《导游人员管理条例》的规定取得导游证,接受旅行社委派,为游客提供向导、讲解及相关旅游服务的人员。

由此概念可知,导游人员包含以下三层含义:

1. 按照规定取得导游证的人员

《导游人员管理条例》规定:"国家实行全国统一的导游人员资格考试制度。"凡是中华人民共和国公民,具有高中、中专以上学历,身体健康,具有适应导游工作需要的基本知识和语言表达能力的本国公民,可以参加导游人员资格考试。考试合格者,由国家旅游局或委托省级旅游部门颁发导游人员资格证书。

取得导游人员资格证书的,经与旅行社订立劳动合同或者在相关旅游行业组织注册,方可持所订立的劳动合同或者登记证明材料向省级旅游局或其授权委托的地方旅游局申请领取导游证。

导游证的有效期为 3 年,临时导游证的有效期为 3 个月。导游证持有人应当在有效期满前 3 个月,向省、自治区、直辖市旅游行政部门申请换发导游证。

2. 接受旅行社委派的人员

导游人员为游客从事导游活动的前提是经过旅行社委派。同时,导游人员也不得私自承揽导游业务,无论是未成团的游客提供服务,还是为散客的游客提供服务,无论是旅行社的专职导游,还是导游服务机构的社会导游,都需要由旅行社委派。

3. 为游客提供向导、讲解及相关旅游服务的人员

所谓"向导",一般是指为他人引路、带路;而"讲解"则指向游客解说、指点风景名胜;至于"相关旅游服务"是指为游客代办各种旅行证件、代购交通票证,安排旅游住宿、旅游活动、用餐等与旅行游览有关的各种服务。

任务一 导游人员的分类

一、按业务范围分

(一)全程陪同导游人员

全程陪同导游人员(简称全陪)是指受组团旅行社委派,作为组团社的代表,在领队和地方陪同导游人员的配合下实施接待计划,为旅游团(者)提供当地旅游活动安排、讲解、翻译等服务的工作人员。

(二)地方陪同导游人员

地方陪同导游人员(简称地陪)指受接待社委派,代表接待旅行社具体执行接待计划,为旅游团提供当地旅游活动安排、讲解、翻译等服务的工作人员。

(三)景区景点导游人员

景区景点导游人员(简称定点导游或讲解员),指在旅游景区、自然保护区、博物馆、纪念馆、名人故居、著名宗教建筑中,负责所在景区景点范围内的导游讲解的工作人员。

(四)海外领队人员

海外领队是指取得导游证,具有相应的学历、语言能力和旅游从业经历,并与旅行社订立劳动合同申请获得出境领队证的导游人员,接受具有出境旅游业务经营权的旅行社的委派,全权代表该旅行社带领旅行团从事旅游活动的工作人员。他们需要为出境旅游团提供旅途全程陪同和语言、联络等相关服务,并协同、监督完成境外旅游接待安排,协调处理旅游突发事件,监督游客遵守法律法规和文明旅游的行为,防止游客滞留,对旅游行程安全、顺畅的完成具有至关重要的作用。

二、按职业性质分

(一)专职导游人员

专职导游人员是指以导游工作为其主要职业,与旅行社签订了正式的劳动合同,由旅行社支付劳动报酬并缴纳社会保险费用的导游人员。目前,这类导游人员占我国整体导游队伍人数的 20% 左右。

(二)兼职导游人员

兼职导游人员是指将导游证挂靠在导游服务公司,不以导游工作为其主要职业,而利用业余时间从事导游工作,单团领取报酬的导游人员。这类人员目前是我国导游队伍的主体,占 80% 左右,

（三）自由职业导游

在西方国家，还有一批真正意义上的"自由职业导游"。他们以导游为主要职业，但并不受雇于固定的旅行社或其他旅游企业，而是通过签订合同为多家旅行社服务。他们构成了西方大部分国家导游队伍的主体。这类导游人员已经在中国出现，人数虽然不多，但很可能是一种发展方向。

三、按使用的语言分

（一）中国语言范畴类导游人员

这是指能够使用中华人民共和国境内的各地区、各民族广泛通行的语言进行导游服务的人员。目前主要有：汉语普通话导游、少数民族语言导游、汉语地方方言导游（如闽南话、广东话、客家话导游）。这类导游人员的服务对象主要为国内旅游的中国公民和入境旅游的港、澳、台同胞，海外华侨、华人，也可为我国少数民族语言相通的周边国家游客提供相应语言服务。

（二）外国语言范畴类导游人员

这是指能够运用外语从事导游业务的人员。我国目前已经拥有英、日、法、德、西、俄、意、韩、阿拉伯、泰、越等语种的导游人员。这类导游人员的主要服务对象是入境旅游的外国游客和出境旅游的中国公民。

四、按技术等级划分

导游人员分为初级导游人员、中级导游人员、高级导游人员和特级导游人员。

（一）初级导游人员

通过旅游行政部门组织的全国导游人员资格考试取得导游人员资格证书的，即为初级导游人员，可申请办理初级导游证。

（二）中级导游人员

获初级导游证2年以上，申报前实际带团不少于90个工作日且带团工作期间表现出良好的职业道德，且经过"导游知识专题"和"汉语言文学知识"（或"外语"）的考试，合格者可以获得中级导游人员资格证书。

（三）高级导游人员

具有大专或以上学历，取得中级导游证3年以上，取得中级导游证后实际带团不少于70个工作日且带团工作期间表现出良好的职业道德，外语导游员能用一门外语自如、准确、生动、优美地表达思想内容，中文导游员能用标准的普通话和一种常用方言，可申报高级导游人员等级。经"导游案例分析"和"导游词创作"的考核，合格者即可获得高级导游人员资格证书。

（四）特级导游人员

具有大学本科或以上学历，取得高级导游人员证 3 年以上，取得高级导游证后实际带团不少于 50 个工作日且有正式出版的导游专业方面的专著（如合著须为第一作者），或在公开发行的省级以上报刊独立表表过至少 2 篇不少于 3000 字的导游专业方面的论文，可申报特级导游人员等级。经论文答辩（论文字数不少于 1500 字），通过者即可获得特级导游人员资格证书。

任务二　导游人员的基本职责

导游人员的基本职责是指各类导游人员都应予履行的共同职责。根据当前我国旅游业的发展状况和导游服务对象，导游人员的基本职责可分为以下四个方面：

一、全程导游人员的职责

全程导游人员又称全陪，从游客入境到出境，全陪一直陪伴着他们，在游客心目中，全陪是东道国的代表，是旅游团在东道国活动的主要决策人，在导游工作集体中处于中心地位，起着主导作用。其具体职责是：

（一）实施旅游接待计划

按照旅游合同或约定实施组团旅行社的接待计划，监督各地接待单位的执行情况和接待质量。

（二）联络工作

负责旅游过程中同组团旅行社和各地接待旅行社的联络，做好旅行各站的衔接工作，掌握旅游活动的连贯性、一致性和多样性。

（三）组织协调工作

协调好领队、地陪、司机等各方面接待人员之间的合作关系；督促地方接待单位人员落实安排好旅游团在各地的食、住、行、游、购、娱等旅游活动，照顾好游客的旅行生活，听取游客的意见。

（四）维护游客安全

维护游客旅游过程中的人身和财物安全，做好各项安全防范工作和提醒、警示服务。

（五）处理事故问题

按照规范要求处理好旅游过程中出现的各类突发事件，力所能及地处理游客的意见、要求乃至投诉。

（六）做好宣传、调研工作

耐心解答游客的问询，介绍中国（地方）文化和旅游资源，开展市场调研，协助开发、改进旅游产品的设计和市场促销。

二、地方导游人员的职责

（一）安排旅游活动

地陪要严格按照旅游接待计划，合理安排旅游团（游客）在当地的旅游活动。

（二）做好接待工作

地陪要认真落实旅游团（游客）在当地的接送服务和行、游、住、食、购、娱等服务；与全陪、领队密切合作，按照旅游接待协议做好当地旅游接待工作。

（三）引导游览和导游讲解

地陪要引导旅游团在当地的参观游览活动，负责旅游团（游客）在当地参观游览中的导游讲解，解答游客的问题，积极介绍和传播中国（地方）文化和旅游资源。

（四）维护游客安全

地陪要维护游客在当地旅游过程中的人身和财物安全，做好事故防范和安全提示工作。

（五）妥善处理问题

地陪要妥善处理旅游相关服务各方面的协作关系，以及游客在当地旅游过程中发生的各类问题，按照规范要求和职责分工做好突发事件的处理。

三、景点景区导游人员的职责

（一）引导游览和导游讲解

负责所在景区、景点的导游讲解，介绍专业的知识，解答游客的问询，引导游客参观游览。

（二）维护游客安全

及时提醒游客在参观游览过程中注意人身和财产安全，采取必要的防范措施，给予游客必要的协助，避免安全事故的发生。

（三）保护旅游环境

结合讲解内容，宣传生态、环境和文物的保护知识，引导游客文明旅游。

四、海外领队的职责

海外领队是经国家旅游行政主管部门批准组织出境旅游的旅行社的代表，是出境旅游团的领导者和代言人。"高高兴兴出游去,平平安安回家来"是游客赋予领队的重要职责,因此,海外领队在团结旅游团全体成员、组织游客完成旅游计划方面起着全陪、地陪往往难以起到的作用。其主要职责是:

(一)介绍情况,全程陪同

领队行前应向旅游团介绍旅游目的国(地)概况及注意事项;陪同旅游团的全程参观游览活动,积极提供必要的旅途导游和生活服务。

(二)做好通关工作

领队人员要协助游客办理出入境的通关手续,帮助游客填写出入境卡并提供相关翻译服务,保证游客顺利通关。

(三)落实旅游合同

领队人员要监督但更要配合旅游目的国(地)的全陪、地陪安排好旅游计划,组织好游览活动,全面落实旅游合同。

(四)做好组织和团结工作

做好旅游团的组织工作,维护旅游团内部的团结,调动游客的积极性,保证旅游活动顺利进行。

(五)协调联络、维护权益、解决难题

领队应负责旅游团与接待方旅行社的联络工作,转达游客的建议、要求、意见乃至投诉,维护游客的正当权益,必要时出面斡旋或帮助解决。

(六)维护安全

在境外,各种不安全的事情时有发生,要维护游客的生命和财产安全,处理好各类突发事件。

项目 **4**

导游人员的职业道德

【知识目标】掌握导游人员的职业道德规范内容，熟悉导游人员行为规范内容。
【能力目标】培养学生树立良好的职业服务意识。

导游人员的职业道德不仅是每个导游人员在工作中必须遵循的行为准则，而且也是人们衡量导游人员的职业道德行为和服务质量的标准。

导游人员的职业道德，就是符合导游职业特点所要求的道德准则、道德情操与道德品质的总和，表现出来的就是导游人员在工作中必须遵循的行为准则。

任务一　导游人员的职业道德

一、遵纪守法、敬业爱岗

这是导游人员正确处理个人与集体、个人与社会、个人与国家关系的一种行为准则。导游人员必须遵守国家的法律、法规，自觉地执行行业和所在旅行社的各项规章制度，遵守旅行社行业纪律，执行导游服务质量标准，严格按导游操作规程办事，即做好准备、接待、善后处理三大程序的各项工作。导游人员必须具有牢固的专业思想，热爱本职工作。一个人如果热爱自己所从事的事业，就会把对事业的追求作为自己的奋斗目标，就会刻苦钻研业务，不断开拓自己的知识领域，增强自己的服务技能，为游客提供高质量的导游服务，在导游服务岗位上做出显著成绩。

二、热情友好、宾客至上

全心全意为游客服务的思想和"宾客至上""服务至上"的服务宗旨是导游员职业道德的主要内涵。

导游员心中有游客，把游客看成客人、朋友，想游客之所想，急游客之所急。有了这种境界，诸如善解人意、热情周到、任劳任怨等种种美德，就会在实际工作中表现出来。

这样的导游员就会受到游客的欢迎。反之，即使导游员有渊博的知识、高超的技能，也不会做好导游工作，更不会受到游客的欢迎。

三、真诚公道、信誉第一

真诚公道、信誉第一是导游员道德的主要规范，是正确处理导游和游客之间实际利益关系的一项行为准则。

在导游职业活动中，真诚就是真实诚恳、讲究信用、信守诺言和合同、不弄虚作假、不欺骗或为难游客；公道就是公平合理，买卖公道，价格合理，赚取合理合法的利润，既不能"宰"游客，也不能让旅游企业吃亏。

信誉是企业的生命，对服务性强、流动性大、消费水平较高的旅游业来说尤其如此。"诚招天下客，誉从信中来"，导游作为旅游业的从业人员，只有真诚公道地对待每一位游客，向他们提供优质服务，才能树立良好的信誉形象，最终取得良好的经济效益。

四、不卑不亢、一视同仁

不卑不亢、一视同仁是导游职业活动中导游人员民族自尊心、自信心以及国格、人格的体现，是正确处理主客关系的重要道德规范。

导游人员在接待中对海内外客人都能够谦虚谨慎、稳重大方、尊重客人、热情接待、尽到自己的职业责任和道义责任。一视同仁，对不同国籍、不同民族、不同肤色的游客，对同一团队中的每一位客人，没有亲疏，均以热情友好的态度相待，同样地尊重他们的人格。导游服务中的傲慢自大、盲目崇拜、厚此薄彼、低三下四等不良行为都应予以纠正。

五、团结协作、顾全大局

团结协作、顾全大局是导游人员正确处理同事之间、部门之间、行业之间以及局部利益与整体利益之间、眼前利益与长远利益之间等相互关系的道德行为规范。

它要求导游人员摆正个人、集体、国家三者的关系，自觉做到个人利益服从集体利益，局部利益服从整体利益，眼前利益服从长远利益。每个导游工作人员都必须以此为准则，在自己的职业实践中努力做到。只有这样，才能维护旅游业的整体形象，给客人提供优质服务。

六、文明礼貌、优质服务

它要求导游人员在接待工作中举止端庄、讲话和气、态度和善、服务周到，满足客人的合理要求，急客人所急，想客人所想，客人感到宾至如归。文明礼貌、亲切服务是社会主义旅游职业义务的集中表现，也是每一个旅游工作者最重要的道德义务。要坚决克服旅游服务中的"冷、硬、顶"，粗心大意，不负责任，办事拖拉，互相推诿等消极现象。

七、遵纪守法、廉洁奉公

导游人员应严格遵守国家法规、外事纪律和行业规范，严守国家机密，廉洁奉公，自觉以国家利益和集体利益为重，坚决与一切贪污浪费、损公肥私、徇私违法行为做斗争，抵制要回扣、索取小费、套购指标、炒汇套汇、索取礼品等不正之风，维护旅游业的声誉，促进社会风气的好转。

八、钻研业务、提高技能

导游人员不但要有自觉履行职业责任的愿望，还应具有丰富的业务知识和高超的职业技能。每位旅游工作者都要把掌握和提高职业技能作为自己义不容辞的道德义务，对自己高标准、严要求，干一行，爱一行，专一行，不断提高服务水平，对于那些在工作中不思进取、不求上进和满足于一般化的思想都应在职业道德建设中加以克服。

任务二 导游人员的行为规范

一、忠于祖国，坚持"内外有别"的原则

导游人员要严守国家机密，时时、事事以国家利益为重。导游人员在带团旅游期间，不得随身携带内部文件，不得向游客谈及旅行社的内部事务及旅游费用等事项。

二、严格按规章制度办事，执行请示汇报制度

导游人员应严格按照旅行社确定的接待计划，安排旅行、游览活动，不得擅自增加、减少旅游项目或者终止导游活动；在旅行、游览中，遇有可能危及游客人身安全的紧急情况时，经征得大多数游客的同意，可以调整或者变更接待计划，但应当立即向旅行社汇报请示。在旅行、游览中，对可能发生危及游客人身、财物安全的情况，导游人员要向游客做出真实说明和明确警示，并按照旅行社的要求采取防止危害发生的措施。

三、自觉遵纪守法

1. 严禁嫖娼、赌博、吸毒，不得索要、接受反动或黄色书刊及音像制品。
2. 不得套汇、炒汇；不得以任何形式向海外游客兑换、索取外汇。
3. 不得向游客兜售物品或者购买游客的物品，更不得偷盗游客的财务。
4. 不能欺骗、胁迫游客消费或者与经营者串通欺骗、胁迫游客消费。
5. 不得以明示或暗示的方式向游客索要小费，不准因游客不给小费而拒绝提供服务。
6. 不得收受向游客销售商品或提供服务的经营者的财物。
7. 不得营私舞弊、假公济私、大吃大喝。

四、自尊、自爱，不失人格、国格

1. 导游人员不得游而不导、擅离职守，不得懒散松懈、推诿责任。
2. 导游人员要关心游客，不得态度冷漠、敷衍了事，不得在紧要关头不负责任、临阵脱逃。
3. 导游人员不能与游客过分亲近；不介入旅游团内部的矛盾和纠纷，不得搬弄是非；对游客要一视同仁，不厚此薄彼。
4. 导游人员有权拒绝游客提出的侮辱其人格尊严或者违反其职业道德的不合理要求。
5. 导游人员不得迎合个别游客的低级趣味，在导游讲解、介绍中掺杂庸俗下流的内容。

五、注意小节

1. 导游人员不要随便单独去游客的房间，更不要单独去异性游客的房间。
2. 导游人员不得携带自己的亲友随旅游团活动。
3. 导游人员不得与同性外国旅游团领队同住一室。

4. 导游人员一般不要饮酒,如不得已饮酒时饮酒量不应超过自己酒量的 1/3。

【补充阅读】

"请你们先救游客!"

一向笑呵呵的文花枝,也有笑不出来的时候。

那是 2005 年 8 月 28 日中午,刚在一处旅游景点拍下开心一刻的文花枝,有说有笑地带着旅游团一行 20 多人赶往另一处景点。当旅行大巴行至延安洛川境内时,对面一辆严重超载的运煤大货车由于下雨路滑,在超速超车时突然改道,与旅游车迎面相撞。

转瞬间,灾难降临。6 人当场罹难,15 人重伤,7 人轻伤。当文花枝苏醒过来时,眼前的一切似乎是一场噩梦:旅游车被撞击得严重变形,车厢内的游客血肉模糊,哭喊声一片,自己也被卡在座位里动弹不得。

危难关头,文花枝顾不上疼痛,艰难地打出了求救电话,并扭过头来用尽力气大喊:"大家一定要挺住,救援人员很快就要到了! 大家不要慌,坚持住,我们一定要活着出去!"期间,她几度晕死,但一苏醒过来,她马上又用自己的乐观稳定游客的情绪,鼓励游客战胜灾祸。

游客谢冬华事后回忆说:"正是小文的鼓励,让大家坚定了求生的欲望。但她是所有受伤者中最重的一个啊。这么坚强的姑娘,实在少见!"

当洛川县警方赶到现场,首先要抢救左腿血流不止、伤口已露白骨的文花枝时,她却说:"我是导游,请你们先救游客。"文花枝伤势很严重,左腿 9 处骨折,右腿大腿骨折,髋骨 3 处骨折,右胸 4 根肋骨骨折,伤口已严重感染,随时都有生命危险。对她进行抢救的洛川县医院,于 29 日凌晨将其转到医疗条件更好的解放军第四军医大学附属西京医院治疗。

当天下午,为了避免伤势进一步恶化,医生为文花枝做了左大腿截肢手术。主治医生李军非常惋惜:"要是早点送来,及时进行清创处理,她这条腿是能保住的!"

模块二 导游服务规程模块

项目 **1**
地陪导游服务程序与规范

【知识目标】熟悉地陪的基本概念、工作职责,掌握地陪的整体服务规程。

【能力目标】能够独立操作地陪服务工作,能够采用灵活、规范的操作步骤处理每个服务环节。

地陪服务程序是指地方陪同导游人员(以下简称地陪)从接受旅行社下达的旅游团接待任务起,到旅游团离开本地并做完善后工作为止的工作程序。《导游服务质量标准》中指出,"地陪服务是确保旅游团(者)在当地参观游览活动的顺利,并充分了解和感受参观游览对象的重要因素之一",并要求"地陪应按时做好旅游团(者)在本地的迎送工作,严格按照接待计划,做好旅游团(者)参观游览过程中的导游讲解工作和计划内的食宿、购物、文娱等活动的安排,妥善处理各方面的关系和出现的问题"。地陪应严格按照服务规范提供各项服务。

【情景模拟】

龙岩客都旅行社地陪小张接到旅行社导游部的通知,后天上午有一个上海旅游团到龙岩5日游,请小张负责担任本次地接导游工作。随即导游部负责人把一份接待计划及游客信息表交给了小张,请小张做好地接服务。

表 2-1 旅行社导游委派及行程安排单

团号:Df—020712　　　　　　　　　　　　　　团队品质:土楼、冠豸山、古田、九鹏溪火车 5 日游

组团社	上海青年旅行社	客房数	11	领队/全陪	李小红
地接社	龙岩客都旅行社	行程天数	5 天	客源地	上海
抵达	20:09	地点	龙岩	航班/车次	D3135/D3138
离开	8:20	地点	龙岩	航班/车次	D3137/D3136
人数	23	随行人员		随行人员电话	

全陪姓名	联系电话	导游证号	归属公司
李小红	135××××××××		

日期	行程	景点	交通	早餐	午餐	晚餐	住宿	娱乐	购物	自费项目
第 1 天	上海—龙岩		D3135/D3138	无	无	有	龙岩中元大酒店			
	早晨 10:35 分乘坐动车于上海虹桥站出发前往龙岩,晚上 20:09 分抵达龙岩,导游在出口恭迎各位贵宾的到来,尔后安排入住酒店。									
第 2 天	龙岩—古田—连城—龙岩	古田会议会址旧址;冠豸山、石门湖景区	汽车	有	有	有	龙岩中元大酒店			
	早餐后,车赴著名《古田会议决议》诞生的地方——古田,参观古田会议旧址、主席园等,午餐安排农家乐。下午车赴世界地质公园、国家 AAAA 级景区冠豸山、石门湖景区(约 3 小时):游览大自然鬼斧神工、被誉为"阴柔举世无双"的生命之门、"阳刚天下第一"的生命之根,参观纪晓岚的"追步东山"、林则徐的"江左风流"中华名匾等景点。									
第 3 天	龙岩—漳平—龙岩	九鹏溪	汽车	有	有	有	龙岩中元大酒店			
	早餐后,车赴漳平,游览国际 AAAA 级景区、水上茶乡九鹏溪:参观九鹏迎宾、九鹏食府、休闲别墅区、霞客广场、渔人码头、公馆茶轩,乘船游湖,欣赏绿色水上长廊的峡谷风光,进入钓鱼台山谷,嬉戏于山林溪水之中,经过具有当地特色的水上浮桥、参观层层叠叠的水岸茶园、九鹏索桥,茶田采摘茶叶,在森林氧吧聆听大自然的声音。									
第 4 天	龙岩—永定—龙岩	客家土楼民俗文化村	汽车	有	有	有	龙岩中元大酒店			
	早餐后,车赴永定,参观世界文化遗产、国家 AAAAA 级景区、神秘的客家民居——客家土楼民俗文化村,游览"圆楼王子"振成楼,"袖珍楼"如升楼,府第式建筑的五凤楼福裕楼,布达拉宫式的奎聚楼,了解神秘的客家文化,感受它的博大精深。									
第 5 天	龙岩—上海		D3137/D3136	有	无	无				
	早晨吃完早饭,乘动车 D3137/D3136 返上海虹桥站,结束愉快的龙岩之旅!									

填表单位: 　　　　　　　　填表部门

表 2－2 旅游团队名单表

团号:Df—020712 　　　　人数:23 人 　　　　全陪:李小红

序号	姓名	性别	年龄	备注	职业
1	王丹青	男	45	夫妻	教师
2	邓小英	女	43		教师
3	卢春依	女	33		教师
4	许铭兰	女	39		教师

续表

序号	姓名	性别	年龄	备注	职业
5	严秋桃	女	22		教师
6	劳秋云	女	41		教师
7	吴启	男	35	回族	教师
8	吴青	男	34		教师
9	张苗	男	62		教师
10	张发荣	男	38	回族	教师
11	张海蝉	女	27		教师
12	李萍	女	31		教师
13	李惠霞	女	51		教师
14	邱燕萍	女	31		教师
15	林晓意	男	46	夫妻	教师
16	易丽燕	女	43		教师
17	林美	女	27	姐妹	教师
18	林娇	女	28		教师
19	赵康娴	女	64		教师
20	郭晓	男	53		教师
21	娄劲	男	28	夫妻带4岁儿子	教师
22	苏小妹	女	27		教师
23	娄锦东	男	4		

任务一　服务准备

作好充分而完备的准备,可以保证导游员在导游服务过程中掌握充分的主动权,从而有计划有准备地开展各项工作,是整个导游工作顺利完成的重要保证。地陪的准备工作主要是业务准备、知识准备、物质准备、形象准备和心理准备。

一、熟悉接待计划

接待计划是组团旅行社委托各地方接待旅行社组织落实旅游团活动的契约性安排,是导游人员了解该旅游团基本情况和安排活动日程的主要依据。地陪在旅游团抵达之前要仔细、认真地阅读接待计划和有关资料,准确地了解该团的服务项目和要求,重要事宜要做记录并弄清以下情况:

1. 联络方式

计划签发单位(即国内旅行社)、联络人姓名及电话号码、团队编号、保险号。

2. 旅游团概况

客源地组团旅行社名称、旅游团的名称、代号、电脑序号、国别、语言、收费标准(豪华、标准、经济)和领队姓名。

3. 旅游团团员情况

该团的人数及性别,尤其是要注意团队中是否有单男单女及夫妇的情况,此外还需要注意团员的姓名、年龄、国籍、职业、宗教信仰等。 如果旅游团中有小孩,则应了解小孩是否需要收费。

4. 旅游路线

该团的全程旅游路线、出入境地点。

5. 所乘交通工具情况

抵离本地时所乘飞机(火车、轮船)的班次、时间和机场(车站、码头)名称。

6. 掌握交通票据情况

(1)该团去下一站的交通牌是否按计划订妥,有无变更以及更改后的落实情况。

(2)有无返程票。

(3)有无国内段国际机票,若有,则要在飞机离站前两天的上午 12:00 以前确认。

(4)出境票是 OK 票还是 OPEN 票。

7. 掌握特殊要求和注意事项

(1)该团在住房、用车、游览、用餐等方面是否有特殊要求。

(2)该团是否要求有关方面负责人出面迎送、会见、宴请等礼遇。

(3)该团是否有老弱病残等需要特殊服务的客人。

(4)该团有无要办理通行证地区的参观游览项目,如有则要及时办好相关手续。

二、物质准备

上团前,按照该团游客人数领取导游图、游客意见表门票结算单和费用,带好接待计划、导游证、胸卡、导游旗、接站牌等必备物品。

三、知识准备

1. 根据接待计划上确定的参观游览项目,对需翻译、导游的重点内容,做好语言和介绍资料的准备。

2. 接待有专业要求的团队,要做好相关专业知识、词汇的准备。

3. 对当前的热门话题、国内外重大新闻、游客可能感兴趣的话题等方面也应做好准备。

四、形象准备

导游人员的自身美不是个人行为,在宣传旅游目的地、传播中华文明方面起着重要作用,也有助于在游客心目中树立导游人员的良好形象。因此,地陪在上团前要做好仪容、仪表方面(即服饰、发型和化妆等)的准备。

1. 导游人员的着装要符合本地区、本民族的着装习惯和导游人员的身份。

2. 衣着大方、整齐、简洁,要方便导游服务工作。

3. 佩戴首饰要适度,不浓妆艳抹,不用味道太浓的香水。

4. 上团时应将导游证佩戴在正确位置。

五、心理准备

导游人员外出带团,面对即将展开的导游服务工作,一定要做好充分的心理准备。一方面要高度重视认真对待,对任何可能出现的问题都不可掉以轻心;另一方面又要放下包袱松松上阵,用积极乐观的态度对待可能出现的一切。

1. 要树立起自己的阳光心态

阳光心态是一种积极、宽容、感恩、乐观和自信的心智模式。心态就是核心竞争力。积极主动地去做事,把敬业当成自己的习惯,帮助别人就是成就自己。关注细节,细微之处见精神,多做一点,能力就多增加一分。公心对人、平心对事、宽以待人才能使之轻松。知足常乐,保持淡然的心境才会愉悦,物欲和虚荣是幸福和快乐的敌人。

2. 要做好面对复杂多变情况的准备

旅游活动中所有的美景和快乐,都为游客准备着,导游员要考虑自己该为游客提供哪些服务,如何为游客提供服务,游客需求是因人、因事、因时而异的,如何满足游客的个性需求和某些特殊要求。旅游行程虽经过周密安排,但突发性的状况随时可能出现,导游员要有足够的心理准备和应急处置的工作能力,沉着细致,遇事不慌。

3. 要做好承受委屈、抱怨和投诉的准备

导游工作是脑力劳动和体力劳动的高度结合,导游员要为游客做大量的工作,甚至是起早贪黑、废寝忘食。但是有时候可能得不到游客的理解,还会被游客错怪指责,有些挑剔的游客甚至苛求,不分对错就投诉。遇到这样的情形一定要耐心沉住气,无怨无悔,有则改之,无则加勉,不与游客记仇,继续做好服务。

4. 要做好抵制诱惑的准备

在接待过程中,导游人员经常有机会接触到来自不同国家和地区、来自不同社会层次、有不同生活经历和想法的游客,导游人员必须具备高尚的情操,时刻准备面对各种旅游污染和物质诱惑。

六、落实接待事宜

旅游接待涉及众多人和事。由于工作紧张、劳动强度大、业务熟悉程度等问题的影响,接待中的差错时有出现。因此,地陪在旅游团抵达的前一天,应与各有关部门或人员一起落实、检查旅游团的交通、食宿、行李运输等事宜。这一工作可以最大限度地减少工作中的疏忽,从而使地陪的工作更为主动。

1. 核对日程安排表

当地接待社应根据组团社旅游接待计划,安排该团在本地的参观游览活动日程。编制的日程表中应详细注明日期、出发时间、游览项目、就餐地点、风味品尝、购物、文娱表演、自由活动时间以及会见等其他特殊项目。地陪应核实各项内容与接待计划,如发现有出入应立即与旅行社有关人员联系,问清情况后做必要的修订。

2. 落实旅行车辆

(1)与旅游汽车公司或车队联系,确认为该团在本地提供交通服务的车辆的车型(车型是否与旅游团人数相符合)、车牌号和司机姓名。

(2)接大型旅游团时,车上应贴编号或醒目的标记。

(3)确定与司机的接头地点并告知活动日程和具体时间。

3. 落实住房及用餐

(1)熟悉旅游团所住饭店的位置、概况、服务设施和服务项目。

(2)核实该团游客所住房间的数目、级别,是否含早餐等。

(3)与各有关餐厅联系,确认该团日程表上安排的每一次用餐的情况:团号、人数、日餐饮标准、日期、特殊要求等。

4. 了解落实运送行李的安排情况

对于国内团来说,行李一般随旅游车同行,不必配备行李车。接待境外的团队,旅行社一般都安排有专门的行李车接运行李。

5. 了解不熟悉景点的情况

对新的旅游景点或不熟悉的参观游览点,地陪应事先了解其概况,如开放时间、最佳游览路线、厕所位置等,以便游览活动的顺利进行。

6. 与全陪联系

如果是入境站,地陪应和该旅游团的全陪提前约定接团的时间和地点。

7. 掌握联系电话

地陪应备齐并随身携带有关旅行社各部门、餐厅、饭店、车队、剧场、购物商店、组团人员、行李员和其他导游人员的电话号码及有关的联系方式。

【情景训练】

请根据表 2-1 和表 2-2,完成接待计划的熟悉工作。

训练要求:

1. 根据任务所接上海团队的要求,制作龙岩主要游览景点的知识卡片。

2. 根据接团计划,写出一份接待计划分析报告。

3. 制作接团计划接站牌。

4. 根据接待计划使学生分组模拟落实接待车辆和落实住宿、用餐的过程,学生分别扮演地接导游、车队人员、酒店前台人员,训练结束后由老师进行点评。

任务二　迎接服务

迎接服务是指地陪前往机场(车站、码头)迎候旅游团,并将其转移到所下榻饭店过程中所要做的工作。它在地陪的整个接待程序中至关重要,因为这是地陪和游客的第一次直接接触,而迎接过程中地陪给游客留下的第一印象,很大程度上影响着以后接待工作的质量。因此,地陪应使旅游团在迎接地点得到及时、热情、友好的接待,了解在当地参观游览活动的概况。

一、旅游团抵达前的服务安排

接团当天,地陪应提前到达旅行社,全面检查准备工作的落实情况,如发现纰漏要立即与有关部门联系落实,做到万无一失。

(一)确认旅游团所乘交通工具抵达的准确时间

地陪从旅行社出发前,要与机场(车站、码头)问讯处联系,查实该旅游团所乘的飞机(火车、轮船)到达的准确时间。一般情况下,应在飞机抵达的预定时间前 2 小时,火车、轮船预定到达时间前 1 小时向问讯处询问。

(二)与旅游车司机联络

掌握了解该团所乘的交通工具到达的准确时间以后,地陪要立即与为该团在本地提供交通服务的司机联系,与其商定出发的时间,并确定接头地点。赴接站地点途中,地陪应告知司机该团活动日程和具体时间安排。

(三)提前抵达迎接地点

地陪应确保提前半小时抵达机场(车站、码头),到达接站地点之后,地陪应与司机商定车辆停放的位置。

(四)再次核实旅游团抵达的准确时间

地陪提前抵达机场(车站、码头)后,要再次核实该旅游团所乘航班(车次、船次)抵达的准确时间。

(五)与行李员联络

如果接待的是境外团,地陪还应在旅游团出站前与为该团提供行李服务的旅行社行李员取得联络,向其交代旅游团的名称、人数,通知其行李送往的地点。

(六)持接站标志迎候旅游团

该旅游团所乘飞机(火车、轮船)抵达后,地陪应在旅游团出站前,持接站牌站立在出口处醒目的位置,热情迎候旅游团。接站牌上应写清团名、团号、领队或全陪姓名,接小型旅行团或无领队、无全陪的旅行团时要写上游客姓名。

二、旅游团抵达后的服务

(一)认找旅游团

游客出站时,地陪应尽快找到自己的旅游团。认找旅游团时,地陪应:

1. 站在明显的位置上举起接站牌以便领队、全陪(或客人)前来联系。

2. 地陪也可从游客的民族特征、衣着,组团社的徽记等分析、判断或上前委婉询问,主动认找自己的旅游团。

3. 如果该团有领队或全陪时,地陪应及时与领队、全陪接洽,问清该团来自哪个国家(地区)、客源地组团社名称、领队及全陪姓名等。

4. 如该团无领队和全陪,地陪应与该团成员逐一核对团名、国别(地区)及团员姓名等,一切相符后才能确定是自己应接的旅游团。

(二)核实人数

地陪接到旅游团后,应立即向领队、全陪或旅游团成员核对实到人数。如出现与计划不符的情况应及时通知旅行社。

(三)集中清点行李

1. 核实实到人数之后,地陪应协助木团游客将行李集中放在临时指定位置(比较僻静、安全的地方),提醒游客检查自己的行李是否完好无损(火车托运的除外)。

2. 与领队、全陪和行李员共同清点行李。核对行李件数无误后,移交给行李员,双方办好交接手续。

3. 若有行李未到或破损,导游人员应协助当事人到机场登记处或其他有关部门办理行李丢失或赔偿申报手续。

(四)集合登车

1. 地陪要提醒客人带齐随身携带的物品,然后引导游客前往乘车处。

2. 游客上车时,地陪要恭候在车门旁,搀扶或协助老弱游客上车。

3. 游客都上车后,地陪应上车协助游客就座和放置行李。

4. 待游客到齐坐稳后,礼貌地清点人数后请司机开车。

5. 首次沿途导游。

在从机场(车站、码头)到下榻饭店的行车途中,是导游人员给游客留下良好的第一印象的重要环节,地陪要做好如下几项工作:

(一)致欢迎辞

致欢迎辞的时间地点应视具体情况而定,可在机场、码头、车站候客区,但一般是在大巴车前往游客下榻饭店的途中进行。

致欢迎辞时,如果旅游车的车型允许,地陪应该采取面向游客的站立姿势(两腿稍稍分开,上身自然挺拔),位置应选在车厢前部靠近司机的地方,以使全体游客都能看到自己,自己也能随时留意游客的反应。

欢迎辞的内容应视旅游团的性质及其成员的文化水平、职业、年龄及居住地区等情况而有所不同,注意用词恰当,给客人以亲切、热情、可信之感。欢迎辞一般应包括以下内容:

1. 代表所在接待社、本人及司机欢迎客人光临本地;

2. 介绍自己的姓名及所属单位;

3. 介绍司机;

4. 表示提供服务的诚挚愿望;

5. 预祝旅游愉快顺利。

(二)调整时间

接入境旅游团,首站的地陪在致完欢迎辞后,还要介绍两国(两地)的时差,请游客将自己的表调到北京时间,以免时间不一致,影响旅游团游览活动和游客的生活起居。

(三)首次沿途导游

地陪必须做好首次沿途导游,以满足游客的好奇心和求知欲。首次沿途导游是地陪显示知识、技能的好机会。精彩的首次沿途导游会使游客对导游人员产生信任感和满足感,有助于导游人员给游客留下良好的第一印象。

首次沿途导游的内容主要包括介绍当地的风光、风情以及下榻饭店的情况。

1. 风光导游。地陪做沿途风光导游时,要施展"眼疾嘴快"的本领,即语言节奏明快,讲解的内容要简明扼要,语言节奏明快、清晰,景物取舍得当,随机应变,见人说人,见物说物,与游客的观赏同步。总之,沿途导游贵在灵活,导游人员要反应敏锐、掌握时机。

2. 风情介绍。地陪应向游客介绍当地的概况,历史沿革、行政区域划分、人口、气候、社会生活、文化传统、土特产品等,并在适当的时间向游客分发导游图。同时,还可以适时介绍本地的市貌、发展概况及沿途经过的重要建筑物、街道等。

3. 介绍下榻的饭店。地陪应向游客介绍所住饭店的基本情况:饭店的名称、位置、距机场(车站、码头)的距离,星级、规模、主要设施和设备及其使用方法、入住手续、住店的有关注意事项等(这部分内容地陪可根据路途距离和时间长短酌情删减,或抵达饭店后向游客介绍)。

4. 宣布集合时间、地点。当旅游车驶至该团下榻的饭店时,地陪应在下车前向全体游客讲清并请其记住集合时间、地点及车牌号码。

【情景训练】

请根据表2-1和表2-2,完成迎接服务。

训练要求:

1. 学生模拟地接导游在龙岩火车站认找游客,并与全陪、领队清点人数。

2. 学生模拟地接导游在旅游大巴车上,向旅游团致欢迎词并进行沿途导游。

3. 完成龙岩地接交通情况调查报告。

任务三　入店服务

地陪应在游客抵达饭店后,协助办理好入店手续,入住房间并取到行李,让游客及时了解饭店的基本情况和住店的注意事项,知道当天或第二天的活动安排。

一、协助办理住店手续

旅游团抵达饭店后,地陪要协助领队和全陪办理住店登记手续,请领队分发住房卡。地陪要掌握领队、全陪和团员的房间号,并将与自己联系的办法,如房间号(若地陪住在饭店)、电话号码等告诉全陪和领队,以便有事时尽快联系。

二、介绍饭店设施

进入饭店后,地陪应向全团介绍饭店内的外币兑换处、中西餐厅、娱乐场所、商场、咖啡吧、公共洗手间等设施的位置,并讲清住店注意事项。

三、照顾行李进房

地陪应等待本团行李送达饭店,负责核对行李,督促饭店行李员及时将行李送至游客的房间。

四、逐一确认游客住房是否完好

游客入住后,地陪应到每间客房询问游客对住房的满意度,了解卫生间、空调、电视等设施设备是否完好,如果发现客房存在问题,应协助与酒店有关方面沟通,及时修理或换房。

五、带领旅游团用好第一餐

游客进入房间之前,地陪要向其介绍饭店内的就餐形式、地点、时间及餐饮的有关规定。客人到餐厅用第一餐时,地陪应主动引进,将领队介绍给餐厅经理或主管,告知旅游团的特殊要求。

1. 如果是在入住的酒店内用餐,须指明用餐的地点(楼层、包厢号等),约定集合时间;

2. 如果是在入住的酒店外用餐,须说明餐厅的地址、名称、与客人约定到大堂及登车出发的时间;

3. 若入住酒店含有自助早餐,须向客人说明自助早餐的用餐地点、用餐时间及早餐餐票的使用等情况。

客人到餐厅用第一餐时,导游人员应向客人介绍旅游团餐饮的有关规定,例如:客人额外自点酒水、饮料或加菜费用自理;若需另外用餐费用应自理,原团体餐费不退还。

六、宣布当日或次日的活动安排

地陪应在游客入房前向全团宣布有关当天和第二天活动的安排,集合的时间、地点。

七、安排好叫早服务

在结束当天活动与客人分开之前,地陪应与领队商定第二天的叫早时间及用早餐时间,并请领队告知全团。地陪则应通知饭店总服务台或楼层服务台。

【情景训练】

请根据表 2-1 和表 2-2,完成入店服务。
1. 带领学生参观龙岩高星级酒店,学生模拟地接向游客介绍酒店设施。
2. 学生模拟地接在客人进入房间后确认房间设施的情景。

任务四　核对及商定日程安排

一、核对及商定日程的必要性

旅游团开始参观游览之前,地陪应与领队、全陪商定本地节目安排,并及时通知每一位游客。核对、商定日程是旅游团抵达后的一项重要工作,可视作地陪与领队、全陪工作合作的开始。

旅游团在一地的参观游览内容一般都已明确规定在旅游协议书上,而且在旅游团到达前,旅行社有关部门已经安排好该团在当地的活动日程。即便如此,地陪也必须进行核对、商定日程的工作。因为,旅游过程中的特殊情况可能会导致原计划的改变,游客也有可能提出修改计划的意见。导游人员与游客进行核对、商定日程,既是对游客的尊重,也是一种礼遇。领队希望得到他国(他地)导游人员的尊重和协助,商定日程并宣布活动日程是领队的职权。特种旅游团除参观游览活动外,还有其他特定的任务,商定日程显得更为重要。

二、核对商定日程的原则

在核对、商定日程时,必须遵循宾客至上、服务至上、主随客便、合理而可能、平等协商的原则。日程安排既要符合大多数游客的意愿,又不能对已定的日程安排做大的变动。

三、核对商定日程的时间、地点

一般在旅游团抵达的当日,游览活动开始之前进行核对和商定日程,地点可因地制宜,选择游客注意力容易集中的场合,一般可在饭店的大堂内,有时亦可在旅游车上,必要时可租用饭店的会议室。

四、可能出现的几种情况的应对措施

1. 提出小的修改意见或增加新的游览项目时:
(1)及时向旅行社有关部门反映,对合理有可能满足的项目,应尽力予以安排。
(2)需要加收费用的项目,地陪要先向领队或游客讲明,按有关规定收取费用。
(3)对因确有困难而无法满足的要求,地陪要详细解释,耐心说服。

2. 提出的要求与原日程不符或涉及接待规格时:

(1)一般应予以婉言拒绝,并说明我方不便单方面不执行合同。

(2)需要加收费用的项目,并且有领队提出时,地陪必须请示旅行社有关部门,视情况而定。

3. 领队(或全陪)手中的旅行计划与地陪的接待计划有部分出入时:

(1)要及时报告旅行社,查明原因,分清责任。

(2)若是接待方的责任,地陪应实事求是的说明情况,并向领队和全体游客赔礼道歉。

【情景训练】

请根据表 2-1 和表 2-2,训练核对商定日程训练。

由一名学生扮演地接、一名学生扮演领队、一名学生扮演全陪,模拟在酒店大堂核对商定日程的情景。

任务五　参观游览服务

参观游览活动是旅游产品消费的主要内容,是游客期望的旅游活动的核心部分,也是导游服务工作的中心环节。

参观游览过程中的地陪服务,应努力使旅游团参观游览的全过程安全、顺利,让游客详细了解参观游览对象的特色、历史背景及其他感兴趣的问题。为此,地陪必须认真准备、精心安排、热情服务、生动讲解。

一、出发前的准备工作

1. 准备好小旗、胸卡和必要的票证。

2. 督促司机做好各项准备工作。

3. 核实团队用餐情况。

4. 地陪应提前 10 分钟到达集合地点。

提前到达不仅是为了在时间上留有余地,以身作则遵守时间,应付紧急突发的事件,也是为了礼貌地招呼早到的游客,询问游客的意见和建议,同时有一些工作必须在出发前完成。

5. 核实、清点实到人数

若发现有游客未到,地陪应向领队或其他游客问明原因,设法及时找到,若有的游客愿意留在饭店或不随团活动,地陪要问清情况并妥善安排,必要时报告饭店有关部门。

6. 提醒注意事项

地陪要向游客预报当日天气和游览点的地形、行走路线的长短等情况,必要时提醒游客带好衣服、雨具、换鞋等。

7. 准点集合登车

地陪在早餐前向游客问候时,就应再次提醒集合时间和地点。游客陆续到达后,清点实到人数并请游客及时上车。地陪应站在车门一侧,一面招呼大家上车,一面扶助老弱者登车,开车前,要再次清点人数。

二、途中导游

(一)重申当日活动安排

开车后,地陪要向游客重申当日活动安排,包括午晚餐的时间、地点,向游客报告到达游览参观点途中所需的时间,视情况介绍当日国内外重要新闻。

(二)沿途风光导游

在前往景点的途中,地陪应在相应时机向游客介绍本地的风土人情、自然景观,回答游客提出的问题。

(三)介绍游览景点

抵达景点前,地陪应向游客介绍该景点的简要情况,尤其是景点的历史价值和特色。讲解要简明扼要,目的是满足游客事先想了解有关知识的心理,激起其游览景点的欲望,也可节省到目的地后的讲解时间。

(四)活跃气氛

如旅途较长,地陪可以在车上与游客适当开展唱歌、脑筋急转弯、猜谜、趣味小游戏等娱乐活动,以活跃车内气氛;也可开展一些交流活动,如讨论一些感兴趣的国内外问题,探讨近期热点话题等。

三、景点导游、讲解

(一)交代游览注意事项

1. 抵达景点时,下车前地陪要讲清楚并提醒游客记住旅行车的标志、车号和停车地点、开车的时间。

2. 在景点示意图前,地陪应讲明游览路线、所需时间、集合时间和地点等。

3. 地陪还应向游客讲明游览参观过程中的有关注意事项。边境游的旅游地陪在出境前应向游客讲清旅游目的地国的风俗、习惯及注意的事项。

4. 下车前提醒游客带好随身物品和关好车窗。

(二)游览中的导游讲解

抵达景点后,地陪应对景点进行讲解。讲解内容包括该景点的历史背景、特色、地位、价值等方面的内容。讲解过程中要因人而异、繁简适度,既要有景点导游的基本知识,如历史、规模、价值等,也要有游客喜闻乐见的一些文化典故、传说轶事、科学理论等。讲解的语言应生动,富有表达力。同时,在景点导游的过程中,地陪应保证在计划的时间与费用内,游客能充分地游览、观赏,做到讲解与引导游览相结合,集中与分散相结合,劳逸适度,并应特别关照老弱病残的游客。

（三）留意游客的动向,防止游客走失

在景点导游过程中,地陪应注意游客的安全,要自始至终与游客在一起活动,注意游客的动向并观察周围的环境,和全陪、领队密切配合并随时清点人数,防止游客走失和意外事件的发生。

四、参观活动

旅游团的参观活动一般都需要提前联络,安排落实并由参观单位人员接待。一般是接待人员先介绍情况,然后引导参观。如需进行翻译,地陪的翻译要正确、传神,介绍者的言语若有不妥之处,地陪在翻译前应给予提醒,请其纠正;如来不及可改译或不译,但事后要说明;必要时还要把关,以免泄露有价值的经济情报。

五、返程中的工作

（一）回顾当天活动

返程中,地陪应回顾当天参观、游览的内容,必要时可补充讲解,回答游客的问询。

（二）沿途风光导游

如旅游大巴车不从原路返回饭店,地陪应做沿途风光导游。

（三）宣布次日活动日程

返回饭店下车前,地陪要预报晚上或次日的活动日程、出发时间、集合地点等。下车时地陪应提醒游客带好随身物品,然后率先下车并站在车门一侧照顾游客下车与游客告别。游客全部下车后,地陪要清车检查有无遗漏物品。

【情景训练】

请根据表 2-1 和表 2-2,训练参观游览服务。

1. 学生模拟旅游大巴车上途中导游服务,为游客介绍沿途风光,进行龙岩市市情导游讲解。

2. 学生模拟旅游大巴车返程途中的导游服务,为全团游客回顾当天游览活动内容,宣布次日活动日程及提醒注意事项。

任务六 其他服务

除参观游览活动外,丰富多彩的社交、购物、文娱等活动是旅游服务中必不可少的部分,是参观游览活动的继续和补充。地陪要努力为游客安排好文明、健康的各类活动。

一、购物服务

购物是游客的一项重要活动,地陪应严格执行接待单位制定的游览活动日程,带旅游团到旅游定点商店购物,避免安排次数过多、强迫游客购物等现象出现。在游客购物时,地陪应向全团讲清停留时间及有关购物的注意事项,介绍本地商品特色,承担翻译工作,介绍商品托运手续等。如遇小贩强拉强卖时,地陪有责任提醒客人不要上当受骗,不能放任不管。对商店不按质论价、抛售伪劣商品、不提供标准服务时,地陪应向商店负责人反映,维护客人的利益。

二、餐饮服务

地陪要提前落实本团当天的用餐,对午、晚餐的用餐地点、时间、人数、标准、特殊要求逐一核实并确认。

用餐时,地陪应引导游客进餐厅入座,介绍餐厅的有关设施、饭菜特色、酒水的类别等。还要向领队告知地陪、全陪的用餐地点及用餐后全团的出发时间。

用餐过程中,地陪要巡视旅游团用餐情况 2～3 次,解答游客在用餐中提出的问题,并监督、检查餐厅是否按标准提供服务并解决可能出现的问题。

用餐后,地陪应严格按实际用餐人数、标准、饮用酒水数量,如实填写"餐饮费结算单"与餐厅结账。

【情景训练】

请根据表 2-1 和表 2-2,训练购物和餐饮服务。

1. 模拟游客在旅游购物商店购物,一位学生扮演地接为游客介绍闽西八大干(包括产地、历史、特点等)。

2. 模拟地接带领游客去餐厅进行用餐的情景,注意对地方特色菜肴的介绍。

任务七　送站服务

旅游团结束本地参观游览活动后,地陪应做到使游客顺利、安全离站,遗留问题得到及时妥善的处理。

一、送行前的服务

(一)核实交通票据

1. 旅行团离开本地的前一天,地陪应核实旅游团离开的机(车、船)票,要核对团名、代号,人数、去向、航班(车次、船次)、起飞(开车、起航)时间在哪个机场(车站、码头)启程等事项等。

对时间要"四核实":即核实计划时间,时刻表时间,票面时间、查询时间是否一致。如果航班(车次、船次)和时间有变更,应当问清内勤是否已通知下一站接待社,以免造成漏接。

2. 乘飞机离境的旅游团,地陪应提醒或协助领队提前 72 小时确认机票。

（二）商定出行李时间

1. 在核实确认了交通票据之后，地陪应先与旅行社行李部联系，了解旅行社行李员与饭店行李员交接行李的时间（或按旅行社规定的时间）。

2. 与领队、全陪商定游客出行李的时间，再通知游客，并向其讲清有关行李托运的具体规定和注意事项。

（三）商定集合、出发的时间

一般由地陪与司机商定出发时间（因司机比较了解路况），但为了安排得更合理，还应及时与领队、全陪商议，确定后应及时通知游客。

（四）商定叫早和早餐时间

地陪应与领队、全陪商定叫早和用早餐时间，并通知饭店有关部门和游客。如果该团是乘早班航空或早班火车，则需改变用餐时间、地点和方式（如带饭盒），地陪应及时作有关安排。

（五）协助饭店结清与游客有关的账目

为了在出发前能让游客顺利离开饭店前往机场（车站、码头），地陪应做到：

1. 及时提醒、督促游客尽早与饭店结清与其有关的账目，如洗衣费、长途电话费、饮料费等，若游客损坏了客房设备，地陪应协助饭店妥善处理赔偿事宜。

2. 及时通知饭店有关部门该团的离店时间，提醒其及时与游客结清账目。

（六）及时归还证件

一般情况下，地陪不应保管旅行团的旅行证件。如果临时需要，用完后应立即归还游客或领队。在离站前一天，地陪要检查自己的物品，看是否保留有游客的证件、票据等，若有应立即归还，当面点清。出境前要提醒领队准备好全部护照和申报单，以便交边防站和海关检查。

（七）做好欢送准备

如有旅行社负责人送行，要认真做好欢送的具体组织工作。

二、离店服务

（一）集中交运行李

离开饭店前，地陪要按商定好的时间与饭店行李员办好行李交接手续。游客的行李集中后，地陪应与领队、全陪共同确认托运行李的件数（包括全陪托运的行李），检查行李是否上锁、捆扎是否牢固、有无破损等，然后交付饭店行李员，填写行李运送卡。行李件数一定要当着行李员的面点清，同时告知领队和全陪。

（二）办理退房手续

旅游团离开饭店前，若无特殊原因，地陪应在中午 12：00 以前办理退房手续（或通知有关人员办理）。

（三）集合登车

1. 出发前,地陪应询问游客与饭店的账目是否结清,提醒游客有无遗落物品,收齐游客房间钥匙交回饭店总服务台。

2. 集合游客上车。等游客放好随身行李入座后,地陪要仔细清点实到人数。全体到齐后,提醒游客再检查清点一下随身携带的物品,如无遗漏则请司机开车离开饭店。

三、送行服务

（一）致欢送辞

导游人员向全体游客致欢送辞,可以加深与游客之间的感情。致欢送辞时语气应真挚、富有感情,地点可选在赴机场（车站、码头）的途中,也可在抵达后的候机（车、船）大厅。

欢送辞的内容应包括:

1. 回顾旅游活动,感谢大家的合作。

2. 表达友谊和惜别之情。

3. 诚恳征求游客对接待工作的意见和建议。

4. 若旅游活动中有不顺利或旅游服务有不尽如人意之处,导游人员可借此机会再次向游客赔礼道歉。

5. 表达美好的祝愿。

致完欢送词后,地陪可将"旅游服务质量意见反馈表"发给游客,请其填写,并如数收回,妥善保管。

（二）提前到达机场（车站、码头）,照顾游客下车

地陪带团到达机场（车站、码头）必须留出充裕的时间。具体要求是:出境航班,提前2小时到达,乘国内线飞机提前90分钟到达,乘火车提前1小时到达。

旅行车到达机场（车站、码头）,下车前,地陪应提醒游客带齐随身的行李物品,照顾全团游客下车后,要再检查一下车内有无游客遗漏的物品。

（三）办理离站手续

1. 国内航班（车、船）的离开手续:

（1）移交交通票据和行李票。到机场（车站、码头）大厅后,地陪应迅速与旅行社行李员联系,将行李员交来的交通票据和行李托运单或行李卡一一清点无误后交给全陪（无全陪的团则交给领队）,请其清点核实。

（2）与全陪按规定办理好财务拨款结算手续并妥善保管好单据。

（3）等旅游团所乘交通工具起动后,地陪方可离开。

2. 国际航班（车、船）的出境手续:

（1）移交行李。送出境的旅游团,地陪应和领队、全陪一起与旅行社行李员交接行李,清点、核查后协助将行李交给每位游客,由游客自己携带行李办理托运手续。

（2）地陪要向领队（或游客）介绍办理出境手续。

（3）与全陪办理财务拨款结算手续并妥善保管好单据,将返程交通票据交给全陪。

（4）旅游团进入隔离区后,地陪、全陪才可离开。

（四）与司机结账

送走旅游团后,地陪应与司机核实用车公里数,在用车单据上签字,并要保留好单据。

【情景训练】

请根据表 2-1 和表 2-2,训练送站服务。

学生模拟龙岩地接在旅游大巴车上为上海团队游客致欢送辞。

任务八　后续工作

一、处理遗留问题

送团后,地陪应妥善、认真处理好旅游团的遗留问题,如游客遗忘物品、伤病游客滞留、游客投诉等,按有关规定办理游客临行前托办的事宜,如游客委托购买、游客转交等,地陪要以高度的责任心认真办理,必要时请示旅行社领导后再妥善处理。

二、结账

按旅行社的具体要求并在规定的时间内,填写清楚有关接待和财务结算表格,连同保留的各种单据、接待计划、活动日程表等按规定上交有关人员,并到财务部门结清账目。

三、总结工作

认真做好陪团小结,实事求是地汇报接团情况。涉及游客的意见和建议,力求引用原话,并注明游客的身份。旅游中若发生重大事故,要整理成文字材料向接待社和组团社领导汇报。

项目 2
全陪的服务规程

【知识目标】掌握全陪的服务规程,熟悉全陪服务的工作性质与特点。

【能力目标】能够独立完成全陪工作并提供优质服务,能够学会对比和理解全陪与地陪不同的工作重点、职责分工。

全陪导游是导游服务集体的中心,全陪导游服务是保证旅游团队的各项旅游活动按计划顺利、安全实施的重要方面。全陪作为组团社的代表,应自始至终参与旅游团全旅程的活动。负责旅游团移动中各环节的衔接,监督接待计划的实施,协调领队、地陪、司机等各方面旅游接待人员的关系。但各地的具体接待和讲解服务工作是地陪的职责,全陪不可以越俎代庖。全陪应严格按照导游服务质量标准和旅游合同提供各项服务。

【情境模拟】

龙岩客都旅行社的导游小李接到了公司下达的旅游接待任务,详情见下表。

表 2 – 3　福建省旅行社导游委派及行程安排单

团号:GD20151101　　　　　　　　　团队品质:昆明、大理、丽江美食温泉舒心双飞六日游

组团社	龙岩客都旅行社	客房数		领队/全陪	张兴东
地接社	昆明青年旅行社	行程天数	6 天	客源地	龙岩
抵达	3月1日20时	地点	昆明	航班/车次	SC4769
离开	3月6日20时35分	地点	厦门	航班/车次	KY8215

日期	目的地	景点	交通	早餐	午餐	晚餐	住宿	娱乐	购物	自费项目
1/3	昆明		SC4769	无	无	无	昆明绿洲大酒店			
	厦门 17:20 乘坐 SC4769 赴春城——昆明,鲜花接团,入住酒店,高原适应性休息调整。									
2/3	大理/丽江	崇圣寺三塔、束河古镇	汽车	昆明绿洲酒店	大理海湾国际五星酒店	丽江官房酒店	丽江官房大酒店			
	早餐后,乘车至大理,中餐后游览大理的标志性建筑崇圣寺三塔(游览时间约 90 分钟),这是中国南方最古老最雄伟的建筑之一。乘车前往丽江束河茶马古镇(游览时间约 40 分钟左右),是纳西族先民在丽江坝子中最早的聚居地之一,是"茶马古道"上保存完好的重要集镇。									

续表

日期	目的地	景点	交通	早餐	午餐	晚餐	住宿	娱乐	购物	自费项目
3/3	丽江	大玉龙雪山、玉水寨、黑龙潭、四方街	汽车	丽江官房大酒店	玉水寨	无	丽江官房大酒店			
	早餐后,前往天然冰川博物馆大玉龙雪山风景区(整个景区游览时间约 180 分钟)(含进山费、环保车、冰川大索道),乘大索道到玉龙雪山山巅海拔 4506 米的冰川公园,可近距离观看万年冰川,如果体力不错,可以沿栈道到达最高点——海拔 4680 米。下来乘环保车返回甘海子停车场,可以观赏张艺谋导演的中国五大实景演出之一"印象·丽江"(观赏时间约 60 分钟,普通席位),中餐后游览丽水之源的玉水寨(40 分钟),游览 4A 级景区黑龙潭公园(游览时间 30 分钟),天气晴朗时,可以看到丽江的经典风光,以五孔桥、得月楼、雪山及黑龙潭中的雪山倒影组成的影像。世界文化遗产丽江古城四方街(含古城维护费),领略"家家溪水绕户转,户户垂柳赛江南"的独特古城风貌。晚餐可自行品尝丽江本地的特色小吃,如丽江粑粑、鸡豆凉粉、杂锅菜以及其他当地特色美食。就餐时一定要选择卫生环境好的地方就餐,避免发生用餐卫生问题。										
4/3	丽江/大理	南诏民族村、大理古城	汽车	丽江官房大酒店	大理南诏民族村	安宁心景酒店	安宁心景酒店			
	早餐后,汽车返回大理(车程大约 3.5 小时),在南诏民族村内(游览时间约 120 分钟)品尝拥有千年历史的"头苦、二甘、三回味"美称的大理白族"三道茶",欣赏白族特色演出.在南诏御宴享用中餐.中餐后游览驰名中外的"文献名邦"大理古城,体验南诏古国的魅力,漫步"洋人街"(参观时间约 60 分钟)。乘车至安宁入住心景温泉酒店。酒店位于安宁温泉小镇中心地带,毗邻"天下第一汤",尽享碳酸温泉水。别墅式酒店,东南亚装修风格,主题是四时养生 SPA 的文化酒店。在房间内为您精心准备了 500mL 纯牛奶、香氛浴盐、10mL 复方精油,做一个精油牛奶浴,让您冬季干燥的皮肤瞬间牛奶般丝滑,赶快来感受吧!										
5/3	昆明	世博园、石林	汽车	安宁心景酒店	世博吉鑫园	黑松岩餐厅	昆明绿洲大酒店			
	早餐后,乘车赴昆明,游览 4A 级景区 99 世界园艺博览会会址世博园(游览时间约 120 分钟)。游览长 800 米的花园大道,深刻领略"春城无处不飞花"的意境。20 分钟的时间里您就能在世博大温室里,穿越三大气候带,感受不同气候带、珍稀植物所带来的震撼。在中国室外展区里,用心感受祖国园林的精致与美好,漫步茶园,您能看到云南最真实的茶叶种植情况,然后在 2010 上海世博会特许茶叶生产商的龙润,品一杯云南地道的普洱茶,生津解乏,深度体验云南的茶文化。中餐后乘车前往石林,游览天下第一奇观石林(游览时间约 120 分钟)(含石林电瓶车 25/人),游览大小石林,观赏那多姿多彩的喀斯特地貌,晚餐后入住酒店。										
6/3	昆明	花卉市场	KY8215							
	早餐后,可安排游览花卉自由市场或自由活动,18:35 乘飞机 KY8215,您将告别天高云淡、四季如春,看不尽美景的云南,结束愉快的旅途,返回您温暖的家。										

表 2－4　团队游客名单

序号	姓名	性别	年龄	职业
1	李青	男	27	私营业主
2	张红	女	26	私营业主
3	邓红敏	女	30	大学老师
4	李志	男	31	大学老师
5	王政	女	43	画家
6	张立军	男	34	私营业主
7	王振礼	男	36	政府人员
8	吴荣发	男	34	中学老师
9	吴丽敏	女	42	中学老师
10	闫佳璐	女	31	国企职工
11	徐国政	男	33	国企职工
12	黄敏	女	50	国企职工
13	黄铮铮	女	29	政府人员
14	曾珊	女	42	政府人员
15	石超	男	41	国企职工
16	王晶晶	女	38	无业
17	连亚丽	女	36	无业
18	陈晓明	女	37	无业

任务一　服务准备

一、熟悉接待计划

上团前,全陪要认真查阅接待计划及相关资料,了解所接旅游团的全面情况,注意掌握该团重点游客情况和该团的特点。

(一)掌握团队情况

1. 记住旅游团的名称(或团号)、国别、人数和领队姓名。
2. 了解旅游团成员的民族、职业、姓名、年龄、宗教信仰、生活习惯等。
3. 了解团内较有影响的成员、特殊照顾对象和知名人士的情况。

（二）掌握旅游团的行程计划

1. 掌握旅游团抵离各站的时间,所乘的交通工具(航班、车、船)的班次和时间,交通票据是否订妥,是否需要确认、有无变更等情况。

2. 熟悉全程中各站的主要参观游览,据旅游团的特点和要求,准备好讲解和咨询解答内容。

3. 了解全过程各站安排的文娱节目、风味餐食等事宜。

（三）摘记重要内容

有关接待单位的电话和传真号码,有关团队情况的备忘、有关接待计划备忘,特别注意事项等。

二、心理准备

地陪的准备相似,但要有更充分的心理准备。这是因为全陪的流动性更大,天南地北到处走,要求不仅能吃苦,还要适应各地的水土和饮食;与游客相处的时间长、接触多、受气的机会比地陪多,还要代人受过,成为"出气筒"。

三、物质准备

上团前,全陪要做好必要的物质准备,携带必备的证件和有关资料,包括:

1. 必带的证件:本人身份证、护照、导游证、通行证等;

2. 所需结算单据和费用:拨款结算单、支票、差旅费等;

3. 有关资料:旅游团接待计划、日程表、旅游宣传品、徽记、全陪日志等;

4. 个人旅途用品:换洗衣物、洗浴用品、充电器、相机等。

四、与地接社联络

接团的前一天,全陪应同地接社取得联系,互通情况,并确认地接社相关接待事宜的落实情况,如旅游车安排、接站安排、住宿安排、行李运送安排等。如需地接社代订下一站的车票,还需了解车票的落实情况。全陪还应与地接社商定首战接团的具体时间、地点。

【情景训练】

请根据表 2-3 和表 2-4,完成全陪接待计划的熟悉工作。

训练要求:

1. 根据接待计划,请学生列出赴该团云南旅游的注意事项。

2. 根据接团计划,写出一份全陪接待计划分析报告。

3. 根据接待计划,学生模拟全陪与地接社联系落实相关接待事宜。

任务二　首站接团服务

【任务概述】

全程导游首站接团通常有两种情况:其一,对于国内旅游团来说,全陪一般在旅游合同注明的结合地点迎候游客;其二,对于入境旅游团来说,就是团队入境的首站接团,全陪导游需要到入境口岸迎候旅游团。

首站接团服务的好坏不仅关系到旅游团到达后能否立即得到热情友好的接待,让游客有安全感和归属感,更是全陪在游客面前的第一次亮相,决定着游客对全陪的第一印象是否良好,是全陪服务能否顺利开展的基础。

要使旅游团抵达后能立即得到热情友好的接待,让游客有宾至如归的感觉。

一、接站工作

(一)首站接待入境团

1. 接团之前,全陪应向接待社了解首站接待工作的详细安排情况。

2. 全陪应在旅游团抵达前半小时到达接站地点,在入境口岸与地陪一起迎候旅游团。

3. 旅游团抵达后,全陪要协助地陪尽快找到旅游团。接到旅游团,向领队自我介绍后,代表组团社热忱欢迎旅游团,并立即与领队核实实到人数、行李件数、住房、餐饮等方面的情况。如与原计划有出入或变化应及时与接待社联系,反映该团要求。

4. 把地陪介绍给领队,并协助领队、地陪清点、交接行李。

5. 把旅游团带到旅游车停放的地方,协助游客上车。

(二)首站国内旅游团的接待

1. 全陪应接团之前向接待社了解首站接待工作的详细安排情况。

2. 全陪应在旅游团抵达前 30 分钟到达旅游合同中注明的首站集合地点。

3. 全陪应密切关注到来的每一位客人,主动问询是否是自己要接的游客;接到游客后,简单寒暄、问候,全部游客到齐后,按照团队接待计划名单集中清点人数。

4. 与旅游团中负责人共同集中清点行李,核对无误后,协助游客集合登车。

二、首站介绍服务

1. 致欢迎辞。全陪应代表组团社和个人向旅游团致欢迎词,欢迎词内容包括:

(1)代表旅行社和个人向旅游团表示欢迎;

(2)自我介绍(同时应将地陪介绍给全团);

(3)表示提供服务的真诚愿望;

(4)预祝旅行顺利愉快。

2. 全程概述。简明扼要地向全团游客介绍旅游行程,如交通情况、住宿条件、景点游览等,让游客对其有一定的了解。

3. 介绍旅游注意事项,针对入境团还需提醒游客校正时差。

【补充阅读】

一、航空客运常识

(一)航班号

为方便运输和用户使用,每个航班均编有航班号。目前国内航班的编号是由执行任务的航空公司的二字英文代码和四个阿拉伯数字组成的。第一个数字为航空公司的数字代码,第二个数字表示该航班的终点站所属的管理局或航空公司所在地的数字代码,第三、四个数字表示该航班的具体编号,单数为去程航班,双数为回程航班。例如,MF8105 是厦门航空公司自厦门至北京的飞机。

附表:国内主要航空公司代码

中文名称	英文名称	代码
中国国际航空公司	Air China	CA
中国南方航空公司	China Southern Airlines	CZ
东方航空公司	China Eastern Airlines	MU
海南航空公司	Hainan Airlines	HU
厦门航空公司	Xiamen Airlines	MF
山东航空公司	Shandong Airlines	SC
上海航空公司	Shanghai Airlines	FM
深圳航空公司	Shenzhen Airlines	ZH
上海春秋航空公司	Shanghai Spring Airlines	9C
首都航空公司	BeijingCapitalAirlines	JD

(二)机票

1. OK 票和 OPEN 票

外国旅游团抵达后,导游人员要核实机票、弄清是否有国内段国际机票,有无返程、出境机票,出境机票是 OK 票还是 OPEN 票。所谓 OK 票,是指已订妥日期、航班和机座的机票。OPEN 票是不定期机票,游客乘机前须持机票和有效证件(护照、身份证等)去民航办理订座手续(机票变更、退票、乘机、托运行李等)。

2. 儿童票

已满 2 周岁和未满 12 周岁的儿童按成人全票价的 50% 付费。不满 2 周岁的婴儿按成人全票价的 10% 付费,不单独占一座位。每一成人旅客只能有一个婴儿享受这种票价。

3. 退票

游客在客票上列明的航班规定离站时间 24 小时(含)以前要求退票(含不定期客票),收取客票价 5% 的退票费;在航班规定离站时间 24 小时以内至 1 小时以前要求退票,收取客票价 10% 的退票费;在航班规定离站时间前 2 小时以内要求退票,收取客票价 20% 的退票费;在航班离站时间以后要求退票,收取客票价50%的退票费。

持团体机票的游客在客票上列明的航班规定离站时间72小时(含)以前要求退票,收取客票价10%的退票费;在航班规定离站时间72小时以内,离站前一天中午12点以前要求退票,收取客票价30%的退票费;在航班规定离站时间前一天中午12点以后至离站时间之前要求退票,收取客票价50%的退票费;在航班规定离站时间以后要求退票,机票作废,票款不退。

（三）行李

1. 免费托运行李额及随身携带行李额

机舱位	免费托运行李额		随身携带的行李
头等舱票	40千克	两件	重量不超过5千克,体积不得超过20×40×55厘米
公务客票	30千克	一件	
经济客票	20千克	一件	

2. 旅客乘飞机可随身可携带的液体、胶状单件容器容量不得超过100毫升,总量不得超过1升,并应放在透明的可重复密封的塑料袋内,安检时接受开瓶检查。如隐形眼镜护理药水(50ml)、防晒霜(60ml)、卸妆水(70ml)、止汗喷雾(60ml)等均可可以放在透明袋子里随身携带上飞机。液体容量如果超过100毫升,则必须托运。

3. 在中国境内乘坐民航班机,酒类物品不得随身携带,但可作为托运行李交运。

二、铁路客运知识

（一）铁路列车代号

铁路列车字号	寓意	备注
"G"字头	高速铁路动车组	
"C"字头	城际列车	两座相距不远的重要城市之间开行的多班次趋向公交化的中小编组短途旅客列车
"D"字头	动车组列车	一般在城市间往来,速度和舒适度较高
"Z"字头	直达特快列车	一般行程中不停站或经停少数必经站
"T"字头	特别快速旅客列车	一般只经停省会城市、副省级市和少量主要地级市等特大站
"K"字头	快速旅客列车	一般停靠县级市和大部分县级中大站点
"L"字头和"A"字头	临时旅客列车	一般在春运、暑运、国庆长假等时候开行,一般停靠县级市和大部分县级中大站点
"Y"字头	旅游专列	

（二）铁路客票

铁路客票是旅客乘车的凭证,俗称火车票;它是一种有价证券,也是旅客加入铁路意外伤害强制保险的凭证。

1. 车票种类。车票可分为客票和附加票。客票包括软座客票、硬座客票;附加票包括加快票(特别加快、普通加快)、卧铺票(高级软卧、软卧、包房硬卧、硬卧)、空调票。

2. 儿童票。身高 1.2 米～1.5 米的儿童乘车时,可享受半价儿童票;身高不足 1.2 米的儿童可免票。每一位成人可以免费携带一名身高不够 1.2 米的儿童;超过一名时,超过的人数应买儿童票。

3. 学生票

在普通大专院校、军事院校、中小学和中等专业学校、技工学校就读,没有工资收入的学生、研究生,家庭居住地和学校不在同一城市时,凭附有加盖院校公章的减价优待证的学生证,每年可享受四次家庭至院校之间的半价硬座客票。

4. 改签

火车票如需改签,全国各火车票售卖点可办理改签手续,但每张车票只能改签一次。

开车前 48 小时(不含)以上,可改签预售期内的其他列车;开车前 48 小时以内,可改签开车前的其他列车,也可改签开车后至票面日期当日 24:00 之间的其他列车,不办理票面日期次日及以后的改签;开车之后,旅客仍可改签当日其他列车,但只能在票面发站办理改签。

5. 退票

根据火车票全国通退通签的要求,全国各火车票售卖点均可办理火车票退票手续。具体要求为:

(1)游客须在发站开车前,特殊情况也可在开车后 2 小时内,退还全部票价,核收退票费。

(2)团体旅客必须在开车 48 小时以前办理。网上购票且未换取纸质车票的,还可以于不晚于开车前 2 小时登录网站办理退票手续。

(3)旅客开始旅行后不能退票。但如因伤、病不能继续旅行时,经站、车证实可退还已收票价与已乘区间票价差额。已乘区间不足起码里程时,退还全部费用。

(4)退票时间离票面乘车站开车时间 48 小时以上的,退票时须收取票价 5% 的退票费;退票时间离开车时间 24 小时以上、不足 48 小时的,退票时须收取票价 10% 的退票费。

(三)旅客携带物品规定

1. 每名旅客免费携带品的重量和体积

旅客类型	免费携带行李重量	行李体积
儿童	10 千克	每件物品外部尺寸长、宽、高之和不超过 160 厘米;杆状物品的长度不得超过 200 厘米
外交人员	35 千克	
其他旅客	20 千克	

2. 下列物品不得带入车内:国家禁止或限制运输的物品;法律、法规、规章中规定的危险品、弹药和承运人不能判明性质的化工产品;动物及妨碍公共卫生(包括有恶臭等异味)的物品;能够损坏或污染车辆的物品;规格或重量超过规定的物品。

3. 限量旅客携带下列物品:气体打火机 5 个,安全火柴 20 小盒;不超过 20 毫升的指甲油、去光剂、染发剂;不超过 100 毫升的酒精、冷烫精;不超过 600 毫升的摩丝、发胶、卫生杀虫剂、空气清新剂;军人、武警、公安人员、民兵、猎人凭法规规定的持枪证明佩带的枪支、子弹;初生雏 20 只。

【情景训练】

请根据表 2 - 3 和表 2 - 4,完成首战接团服务。

训练要求:

学生模拟全陪向全团游客致欢迎辞,注意与地接致欢迎辞的区别。

任务三　入住饭店服务

一、做好入住服务

全陪带领旅游团进入饭店后,应积极与地陪共同配合尽快完成住宿登记手续、入住客房并取得行李,为此全陪应做好以下几点:

1. 积极主动协助领队办理旅游团的住店手续。

2. 如果有领队,则请领队分配住房,但全陪要掌握住房名单,并与领队互通各自房号以便联系;如果无领队,而旅游团又是单位团,则请旅游团中有威望的游客分房;如果是散客团,则全陪应负责为游客按照实际情况合理分房。

3. 热情引导游客进入房间。

4. 如地陪不住饭店,全陪要负起全责照顾好旅游团,随时处理可能出现的问题。

5. 掌握饭店总服务台的电话号码和与地陪联系的办法。

二、核对、商定旅游活动日程

入住饭店后,全陪应认真与领队、地陪核对、商定旅游活动日程。这项工作是组团社监督地接社所提供的旅游服务是否符合旅游合同约定的前提和保障。

在此过程中,全陪应注意核对几个问题:

1. 全陪应主动与地陪核对手中的日程安排是否一致,如有差异应立即与组团社联系,查明原因。

2. 如果地接社对旅游活动日程安排有异议,则应以组团社的接待计划为依据,尽量避免大的变动。

3. 如遇难以解决的问题,应及时反馈组团社,使领队得到及时的答复。

【情景训练】

请根据表 2 - 3 和表 2 - 4,以下情景训练。

训练要求:

学生模拟全陪在团队入住期间协助地陪办理入住手续及分发房卡的情景。

任务四　各站服务

全陪在旅游的各站服务,应使接待计划得以全面顺利实施,各站之间有机衔接,各项服务适时、到位,保护好游客的人身及财产安全,突发事件得到及时有效处理。各站具体的旅游活动应当以地陪的安排为主,全陪主要起协助、检查和督促的作用。

全陪自始至终参与旅游团的全部旅游活动,因此,他比地陪更了解旅游团。全陪应向地陪介绍旅游团的情况、协助地陪的工作。

1. 全陪要了解旅游团的需要和兴趣(观光、购物或自由活动等),了解团队中较有威望的人物、较为活跃的人物和有特殊要求的人物,及时与地陪通报相关情况。

2. 入住饭店时,全陪应协助地陪办理入住手续。

3. 针对个别游客提出的合理而可能的意见,全陪要协助地陪予以适当的满足。

二、监督各地服务质量,酌情提出改进意见与建议

全陪在旅游活动过程中,要本着高度的责任心,以游客与旅行社签订的旅游合同为依据,认真监督各地地陪的服务质量,核实旅游活动安排是否符合合同要求。具体做法如下:

1. 若活动安排与上几站有明显重复,应建议地陪作必要调整。

2. 若对当地接待工作有意见和建议,全陪要诚恳地向地陪提出,必要时向组团社报告。

三、保护游客的安全,预防和处理各种问题和事故

保护好游客的人身和财产安全是全陪的责任,全陪应时时刻刻将游客的安全问题放在心中,与地陪、领队共同配合,预防安全事故的发生。

1. 在游览活动中,全陪要注意观察周围的环境,留意游客的动向,协助地陪圆满完成导游讲解任务,避免游客走失或发生意外。

2. 提醒游客注意人身和财物安全,如突发意外事故,应依靠地方领导妥善进行处理。游客重病住院、发生重大伤亡事故、发生失窃案件、丢失护照及贵重物品时,要迅速向组团社汇报请示。

四、为游客当好购物顾问

游客购买贵重物品特别是文物时,要提醒其保管好发票,不要将文物上的火漆印去掉,以备出海关时查验;游客购买中成药、中药材时,要向游客讲清中国海关的有关规定。

五、做好联络工作

1. 做好领队与地陪、游客与地陪之间的联络、协调工作。

2. 做好旅游线路上各站间,特别是上、下站之间的联络工作,通报情况(如领队的意见、游客的要求等),落实接待事宜。

【情景训练】

请根据表2-3和表2-4,进行以下情景训练。

训练要求:

学生模拟全陪向地陪通报旅游团上站游览情况及团队成员情况的情景,注意在活动安排和团队重点游客方面做好交代。

任务五 离站服务

一、确认交通票据情况

1. 提醒地陪落实离站的交通票据、清点票数。

2. 核实离站的准确时间和地点,确认交通工具的运行时间;如果离站时间有变化,要立即通知下一站接待社。

二、协助领队和地陪办理离站事宜

1. 向游客讲清航空、铁路、水路有关托运或携带行李的规定,帮助有困难的游客捆扎行李,请游客将行李上锁或打包。

2. 协助领队、地陪清点旅游团的行李。

三、妥善保管票证

1. 到达机场(车站、码头)后,应与地陪交接交通票据、行李卡或行李托运单。交接时一定要点清、核准并妥善保存,以便到达下站后顺利出站。

2. 与地陪按规定做好费用结算,并保管好相关财务单据。

任务六 途中服务

一、组织游客顺利登机(车、船)

全陪应事先请领队分发登机牌或分配包房或卧铺铺位;若无领队,但旅游团有团队负责人,全陪可请该负责人承担这一工作;如果是散客成团,无领队也无负责人,则由全陪负责此项工作。老人和儿童宜安排在下铺。

二、做好安全保卫工作

1. 乘飞机(火车、轮船)时,全陪要积极争取民航(铁路、航运)部门工作人员的支持,共同做好安全、生活服务工作。

2. 在运行中,全陪应提醒游客注意人身安全和物品安全。

3. 合理安排好饮食和休息,照顾好游客的生活。

4. 保管好行李托运单和机(车、船)票等单据,抵达下站时将其交予当地的地陪。

三、做好讲解服务

讲解服务虽然不是全陪的主要工作,但适当的讲解还是很有必要的。特别是在异地转移途中,旅行时间长,又没有地陪在,全陪就可以向游客介绍沿途风光、沿途风情,还可以和游客介绍近期国内外时事新闻,探讨近期热门话题。

四、组织好娱乐活动

为了避免在长途旅行和长时间等候期间出现沉闷气氛,全陪还可以视情况组织一些文娱活动,如成语接龙、歌曲联唱、猜谜、讲幽默故事等,努力使旅游团旅行充实、轻松、愉快。

【情景训练】

请根据表 2-3 和表 2-4,进行以下情景训练。

训练要求:

学生模拟全陪在旅游大巴车上组织娱乐活动,大胆展示自身的才艺,活跃团队气氛。

任务七 末站服务

末站服务是全陪服务中的最后环节,要使旅游团顺利离开末站并给旅游团留下良好的印象。

一、离开末站前的准备工作

1. 督促地方接待社订妥各种返程票据并及时向游客通报,票据原则上由领队或全陪保管,登机或上车后再发给游客。

2. 全陪要提醒游客带好自己的物品和证件,不要将其放在行李中。

二、征求游客对整个接待工作的意见和建议。

1. 主动征求游客对全程旅游服务工作的意见和建议,对全体游客的支持表示感谢;对工作的不足和食物表示歉意,求得他们的谅解。

2. 请游客填写游客意见表,并在表上签名。全陪妥善保管此表并交给组团社备案。

三、致欢送词

(一)致欢送辞的时间、地点

向海外旅游团致欢送辞时可安排在赴车站、机场途中进行;向国内旅游团致欢送辞时应当安排在返回当地后,团队解散前进行。

（二）致欢送辞的内容

1. 回顾整个旅游活动；
2. 感谢游客的支持；
3. 表达惜别之情；
4. 表达美好的祝愿。

为避免全陪与地陪的欢送辞出现雷同状况，全陪的欢送辞应当结合团队的整个行程而言，比地陪的欢送辞更全面和宏观。

四、告别

对于海外团队，全陪需将游客送至机场出境厅安检处时与游客告别；对于国内团队，全陪需在返回当地后与游客一一握手告别。

【情景训练】

请根据表 2-3 和表 2-4，进行以下情景训练。

训练要求：

1. 学生模拟全陪在旅游大巴车上向游客致欢送辞，结合此次云南之行进行总结，要求内容全面，能表达依依惜别之情。

2. 学生模拟全陪在团队大巴回到龙岩，在龙岩人民广场与游客握手告别的情景，要求仪态端正，运用告别用语。

任务八 后续工作

一、处理好遗留问题

旅游团离境后，全陪应认真处理好旅游团遗留问题，认真办理好游客的委托事务，提供可能的延伸服务；如有重大情况，要向旅行社领导进行专题汇报。

二、认真填写全陪日志

认真、按时填写全陪日志的内容或提交组团社所要求的资料。全陪日志的内容包括：旅游团的基本情况；旅游日程安排及飞机、火车、航运交通情况；各地接待质量（包括游客对食、住、行、游、购、娱各方面的满意程度）；发生的问题及处理经过；游客的反映及改进意见。

三、报销账目，归还物品

全陪回到旅行社后，应按照具体要求尽快到财务室报账，完成各种财务手续，尽快报销该团账目。同时，将出团前所借的导游旗、无线扩音器、书籍资料等物品归还旅行社有关部门。

项目 3
领队服务规程

【知识目标】掌握领队工作的流程和服务质量要求。
【能力目标】掌握领队基本服务技巧,能够完成领队的带团工作。

【情景模拟】

龙岩客都旅行社的导游小李接到了公司下达的泰国 6 日游出团任务,详情见表 2-5。

表 2-5 出境领队行程计划单

日期	目的地	交通工具	景点	用餐	住宿
第一天	龙岩 厦门 曼谷	汽车 飞机		晚餐	曼谷
	各贵宾于指定时间及地点集合,由领队带领办理手续,搭乘豪华客机前往泰国首都曼谷(飞行约 3.5 小时),接受泰国少女献花并合影(约 5 分钟),晚餐后入住酒店。				
第二天	曼谷	长尾船 汽车	湄南河、郑王庙、泰国大皇宫、玉佛寺、皮件展示中心、皇家御会馆、人妖歌舞表演	早餐 中餐:湄南河畔餐厅用餐 晚餐	曼谷
	早餐后乘坐舒爽长尾船畅游"东方威尼斯"湄南河,了解两岸水上人家居住的习俗,途中还可远观郑王庙,有兴趣的团友可买面包喂养河中数以百计的"圣鱼"。(约 45 分钟)继而游览著名的象征曼谷王朝辉煌昌盛的泰国大皇宫、供奉国宝"翡玉佛"的玉佛寺(两景点游览约 1.5 小时)。前往皮件展示中心(约 1 小时)参观选购,午餐于湄南河畔餐厅用餐,后前往参观皇家御会馆(约 30 钟,女士请穿长裙)(每逢周一闭馆),这座意大利文艺复兴式建筑是五世皇的议政院,如今已成为皇家博物馆,馆内珍藏了良多国宝级工艺珍品。继而前往位于曼谷以东 30 公里的北揽鳄鱼潭(约 1 小时),面积约 4 万平方米,园内有非洲鳄、澳洲鳄及中国的扬子鳄等 10 多种,数量达十多万条的全球最大鳄鱼饲养场,这里的鳄鱼表演是外国游客争相一睹的节目。随后观看人妖歌舞表演(约 1 小时,饮料一杯),国际级的水准表演定能让您赞不绝口。				

续表

日期	目的地	交通工具	景点	用餐	住宿
第三天	芭堤雅	汽车	七珍佛山、九世皇庙、蜡像馆、主题公园、太平洋观景台、东方公主号游船	早餐 中餐 晚餐	芭堤雅

早餐后前往泰国观光局推荐的珠宝手工艺中心(约1小时),观看各类宝石的开采过程。随后前往素有吃、喝、玩、乐"东方夏威夷"之称的芭堤雅度假天堂。游览三大奇观(约1小时)——七珍佛山以山为佛寥为壮观、九世皇庙是现今皇上的未来行宫、蜡像馆反映泰国古今大千世界,均有很高的参观价值。前往主题公园参加趣味3合1(共约60分钟),其中包括:乘骑吉祥象＋逍遥马车游＋水果餐,下午前往太平洋观景台,芭堤雅美丽风光尽收眼底,遥望海天一色,真是美不胜收。晚餐后前往夜总会式秀场——坐落海边的东方公主号游船(约60分钟),观赏俊男靓女们表演高水平的歌舞,请您一定做好随时与郎共舞的思想准备,放开心怀,您必将尽兴而归,并享用船上酒水、饮料……

日期	目的地	交通工具	景点	用餐	住宿
第四天	芭堤雅	快艇	爱琴岛、珊瑚岛、金沙岛、金佛寺	早餐 中餐:竹篮海鲜餐 晚餐	芭堤雅

早餐后出海(快艇来回及双岛行程共约6小时),前往原皇家海岛爱琴岛,岛上设施非常丰富,有懒人泳圈、乒乓球、飞镖、沙滩排球、麻将、扑克、飞盘、浮潜、躺椅等等,通通免费玩。继而前往珊瑚岛,途中可自费参加水上活动,降落伞、摩托艇、香蕉船、冲浪滑板等等。乘搭海岛古木玻璃船,观赏得天独厚鲜为人知的海底珊瑚奇景。前往金沙岛,岛上白白的细沙、蔚蓝的天空和蔚蓝见底的海水,尽情欣赏海岛风光,感受阳光沙滩,还您一个悠闲自在的假期,午餐于岛上享用竹篮海鲜餐。下午返回芭堤雅,前往金佛寺参观(约40分钟),虔诚佛教的游客可以请到灵验的佛像;后到燕窝中心(约1小时);接着前往享受地道的泰国古式按摩(包60分钟),让您舒筋活血消除疲劳。晚上特别安排每人享用鱼翅一碗＋燕窝一碗。

＊＊＊提示:水上自费活动项目存在一定的危险性,请客人根据自己的身体状态再做适当的选择。＊＊＊

＊＊＊海底漫步自费项目参加后不能取消,由于个人身体适应程度不同,出现问题很多,建议您不要参加此项活动。＊＊＊

日期	目的地	交通工具	景点	用餐	住宿
第五天	芭堤雅		东芭民俗文化村、土产市场、毒蛇研究中心、昭帕雅公主号	早餐 中餐:KING POWER 国际自助餐 晚餐	芭堤雅

早餐后游览东芭民俗文化村(游览约1.5～2小时),观看泰国民俗表演让您可以领略泰国本土独特的民族风情、婚俗典礼等,还有精彩的大象表演。前往土产市场(约30分钟),返回曼谷途中参观毒蛇研究中心(约1小时),观赏精彩的人蛇表演。中餐享用KING POWER国际自助餐。泰国之行压轴节目是昭帕雅公主号夜游湄南河(游览约1小时),让您亲身体验到泰国母亲河无穷的魅力,并享用湄南星光告别餐,五光十色的夜景让人陶醉,沐浴在星光下,一边用餐一边观景非常惬意,也可到一楼大跳迪斯科尽情狂欢。

日期	目的地	交通工具	景点	用餐	住宿
第六天	曼谷 厦门	飞机		早餐 中餐:飞机餐	

早餐后前往曼谷国际机场乘搭国际航班返回厦门,结束愉快的旅途。

表 2-6 团队游客名单

序号	姓名		性别	护照号码	职业	备注
	中文	汉语拼音				
1	李青	Li Qing	男	××××××××××	私营业主	夫妻
2	张红	Zhang Hong	女	××××××××××	私营业主	
3	史红民	Shi HongMin	女	××××××××××	大学老师	夫妻
4	李志	Li Zhi	男	××××××××××	大学老师	
5	王艳萍	Wang YanPing	女	××××××××××	画家	
6	颜晶晶	Yan JingJing	女	××××××××××	私营业主	夫妻
7	朱成强	Zhu ChengQiang	男	××××××××××	政府人员	
8	孙爱民	Sun AiMin	男	××××××××××	中学老师	
9	李丽红	Li LiHong	女	××××××××××	中学老师	
10	张政	Zhang Zheng	男	××××××××××	国企职工	
11	魏安民	Wei AnMin	男	××××××××××	国企职工	
12	马丽艳	Ma LiYan	女	××××××××××	国企职工	
13	廖广武	Liao GuangWu	男	××××××××××	政府人员	
14	付思园	Fu SiYuan	女	××××××××××	政府人员	
15	何亮亮	He LiangLiang	男	××××××××××	国企职工	
16	郭长工	Guo ChangGong	男	××××××××××	无业	
17	武姜	Wu Jiang	女	××××××××××	大学老师	
18	李江波	Li JiangBo	女	××××××××××	大学老师	

任务一　服务准备

一、业务准备

1. 熟悉旅游团的基本情况。了解旅游团成员的姓名、性别、年龄、职业,旅游团中的重点游客、需特别照顾的对象以及旅游团的特殊要求。

2. 研究旅游行程安排。查看旅游团的具体行程和安排,并落实主要交通工具、住宿、游览等情况。

3. 核对各种票证。要做到"四核对",即护照和机票核对、机票与行程核对、护照与名单核对、护照内容核对,尽量做到准确无误。

二、知识准备

领队带队出境前,必须熟悉各国出入境管理制度、法律制度,了解目的地地区(国家)的文化、风俗习惯、饮食状况、旅游业发展现状等,同时应该根据目的地国家(地区)的特点和旅游团的特征、要求,整理好相关材料,便于向客人讲解。

三、物质准备

1. 必备证件、票据。作为领队需要准备好领队证、护照、签证、身份证、机票和已经核对好的票据。

2. 随身携带表格。包括国际预防接种证书(俗称"黄皮书")、海关申报卡、出入境卡、出境旅游行程单、团队名单。

3. 出境必备物品。包括手机、转换插头、雨具、个人洗浴用品、常备药品、应季衣物(防风、挡雨服)等。

【情景训练】

请根据表2-5和表2-6,完成接待计划的熟悉工作。

训练要求:

1. 根据接团计划,熟悉各种出入境的证件。

2. 根据物质准备要求,列出一份个人泰国6日游携带物品清单。

任务二　召开出国前说明会

出国前说明会是出境旅游团队出发前的一个重要程序,也是一个必备程序。召开说明会能够向游客通报出国旅游的有关情况并了解客人的特殊需求,还能促进游客之间相互熟悉,便于领队日后开展组织工作。召开会议的时间通常安排在团队正式出发前1~2天左右召开。说明会的组织和讲解主要由领队负责,在接待重要旅游团的时候可以邀请出境部经理或旅行社负责人出席并讲话。

一、领队致欢迎词

领队的欢迎辞与全陪、地陪的欢迎辞基本相同,主要是代表旅行社和本人对游客表示欢迎和感谢;自我介绍;表达自己真诚服务的愿望;希望大家对领队工作的支持与配合;预祝游客旅游顺利。

二、行程说明

1. 向旅游团发放行程单,按行程表逐一介绍,告知集合出发的时间和地点。

2. 介绍每天游览的时间安排情况、游览过程中交通工具的乘坐情况、饮食情况等等,尤其要说明行程中哪些活动属自费项目、有没有安排购物点,如游客同意自费项目和购物点安排,则需要另行签订合同。

三、落实相关事项

1. 在说明会上应落实的事项包括旅游团队的分房情况、是否有单项服务、是否有特别的饮食要求等特殊要求。

2. 向游客发放出境旅游行程表、团队标识和旅游服务质量评价表。

四、有关注意事项

1. 提醒客人带好相关物品。包括有效证件(身份证、护照、通行证等),适合当地气候特点的衣服、遮阳帽、太阳镜、雨具,洗漱用品、拖鞋(在境外最好使用自带的),常用药品,照相机、摄像机、电池、转换插头等。

2. 提醒客人每人可携带的现金数量,根据我国出入境规定,出境游客每人最多可携带人民币 20000 元和美元 5000 元(或相当于 5000 美元的等值外币),超过等值 5000 美元的应当向海关书面申报。告知游客外币兑换的相关事项,提醒游客在境外不要和私人兑换外币。

3. 向游客讲解《中国公民出境旅游文明行为指南》,提示基本的文明旅游规范,并将旅游目的地的法律法规、宗教信仰、风俗禁忌、礼仪规范等内容系统、详细地告知游客,使游客在出行前具备相应知识,为文明旅游做好准备。

4. 如旅游产品具有特殊安排,如乘坐的廉价航班上不提供餐饮、入住酒店不提供一次性洗漱用品的,导游领队应向游客事先告知和提醒。

5. 告诉客人有关出入境的注意事项。告诫游客在境外注意安全,在境外要保管好自己的财物。

6. 宣传文明旅游。根据《中国公民出境旅游文明行为指南》,向游客宣传文明旅游行为,告知不文明行为在境外可能带来的后果,作为中国游客在境外的行为也会影响国家的形象。将旅游文明行为指南印成小册子,发放给游客。

7. 向游客翔实说明各种由于不可抗力或不可控制因素导致组团社不能(完全)履行约定的情况,以取得游客的谅解。

【情景训练】

请根据表 2-5 和表 2-6,完成召开出国说明会。

训练要求:

一位学生扮演领队小李,其余学生扮演游客,学生按照老师给的模板制作一份"泰国 6 日游出国说明会"PPT,结合团队具体的人员组成情况,模拟在旅行社会议室召开出国前说明会的情景。

【补充阅读】

一、部分出入境须申报的携带物

2005 年 7 月 1 日以后,进出境旅客在通关时,口头和行为申报一律无效。无论是走"绿色通道"(无申报通道)还是"红色通道"(申报通道),所有旅客都需事前填报申报单。

(一)出境申报携带物

1. 需附带进境的单价超过人民币 5000 元的照相机、摄像机、手提电脑等旅行自用物品。

2. 超过 20000 元人民币现钞，或超过折合 5000 美元现钞。

3. 金、银等贵重金属。

4. 文物、濒危动植物及其制品、生物物种资源。

5. 无线电收发信机、通信保密机。

6. 中华人民共和国禁止和其他限制出境的物品。

7. 货物、货样、广告品。

（二）部分入境申报携带物

1. （居民旅客）在境外获取的总值超过 5000 元的物品。

2. （非居民旅客）拟留在中国境内总值超 2000 元的物品。

3. 超过 1500 毫升的酒精饮料（酒精含量 12 度以上），或超过 400 支香烟，或超过 100 支雪茄，或超过 500 克烟丝。

4. 超过 20000 元现钞，或折合 50000 美元外币现钞。

5. 动植物及其产品、微生物、生物制品、人体组织、血液及其制品。

6. 无线电收发信机、通信保密机。

7. 分离运输行李。

8. 货物、货样、广告品。

二、部分限制进出境的物品

（一）烟、酒

旅客类型	免税烟草制品限量	免税 12 度以上酒精限量
来往港澳地区的游客（包括港澳游客和内地因私前往港澳地区探亲和旅游的游客）	香烟 200 支或雪茄 50 支或烟丝 250 克	酒 1 瓶 （不超过 0.75 升）
当天往返或短期内多次来往港澳地区的游客	香烟 40 支或雪茄 5 支或烟丝 40 克	不准免税带进
其他进境游客	香烟 400 支或雪茄 100 支或烟丝 500 克	酒 2 瓶 （不超过 1.5 升）

（二）旅行自用物品

非居民旅客及持有前往国家或地区再入境签证的居民旅客携进旅行自用物品限照相机、便携式收录机、小型摄影机、手提式摄录机、手提式文字处理机每种一件。超过范围的需向海关如实申报，并办理有关手续。经海关放行的旅行自用物品，旅客应在回程时复带出境。

（三）金、银及其制品

旅客携带金、银及其制品入境，应以自用合理数为限。其中超过 50 克的应填写申报单证，向海关申报；复带出境时，海关凭本次进境申报的数量核放。

携带或托运出境在中国境内购买的金、银及其制品（包括镶嵌饰品、器皿等新工艺品），海关验凭中国人民银行制发的"特种发票"放行。

（四）文物（含已故现代著名书法家的作品）

游客携带文物进境,如需复带出境的,须向海关详细报明。游客携带出境的文物须经中国文化行政管理部门鉴定。携带文物出境时,必须向海关详细申报。对在境内商店购买的文物,海关凭中国文化行政管理部门所盖的鉴定标志及文物外销发货票查验放行;对在境内通过其他途径得到的文物,海关凭中国文化行政管理部门所盖的鉴定标志及开具的许可出口证明查验放行;未经鉴定的文物,请不要携带出境。携带文物出境不据实向海关申报的,海关将依法处理。

（五）中药材、中成药

游客携带中药材、中成药出境,前往国外的,总值限人民币 300 元;前往港澳地区的,总值限人民币 150 元。寄往国外的中药材、中成药,总值限人民币 200 元;寄往港澳地区的,总值限人民币 100 元。

入境游客出境时携带用外汇购买的、数量合理的自用中药材、中成药,海关凭有关发票和外汇兑换水单放行。

麝香以及超出以上规定限值的中药材、中成药不准携带或邮寄出境。

（六）旅游商品

进境旅客出境时携带用外汇在我境内购买的旅游纪念品、工艺品。除国家规定应申领出口许可证或应征出口税的品种外,海关凭有关发货票和外汇兑换水单放行。

任务三 办理出入境手续

一、办理出境手续

（一）出发前的集合工作

1. 领队应提前 30 分钟到达事先通知的集合地点,及时清点旅游团人数,联络尚未到达的客人,催促其尽快到达。

2. 领队发表简短讲话。在旅游团全体游客都到达之后,领队需要将他们集中在一起,发表一个简短的讲话。告知其接下来要办理的登记手续、海关申报手续以及边防检查手续等步骤,并将文明旅游事项向游客进行重申。

（二）通过"一关四检"

1. 办理海关申报,游客如果携带有须向海关申报的物品或现钞,应主动向海关申报,填写"中华人民共和国海关出境旅客行李物品申报单",选择从"红色通道"通关;无须申报的游客则从"绿色通道"出关。

2. 办理登机手续和行李托运手续。前往指定柜台,清点行李件数,统一办理登机手续;办理行李托运、检查游客行李牌、分发登机牌和护照,提醒游客登机时间和登机口。

3. 出示黄皮书,通过卫生检疫。

4. 接受边防出境检查。游客需出示本人护照(含有效签证)、国际机票、登记牌,边检人员检查完毕后,在护照上加盖出入境验讫章。

5. 登机前的安全检查。领队带领游客按顺序排队,站在黄线外,手持出境证件和登机牌接受安检。

(三)等待登机

导游领队应组织游客依序候机(车、船),并优先安排老人、未成年人、孕妇、残障人士。

二、办理入境手续

(一)填写好入境国(地)入境卡

进入入境国(地)时,领队需要协助游客填写当地的入境卡,主要内容包括姓名、国籍、职业、出生年月、出生地、护照号码、入境目的、出发地、入境目的地、乘坐航班号码。

(二)卫生检疫

入境卫生检疫需要查验黄皮书,有的国家还需要填写健康申报单。

(三)证件查验

领队需要召集游客根据名单表按顺序排好队,手持护照和入境卡依次进行证照查验,领队需要站在检查窗口边协助工作人员指挥游客,在游客检查碰到困难时提供帮助。

(四)领取托运行李

领队要协助游客清点核对行李,确保没有行李遗漏。

(五)办理海关入境手续

领队需要了解入境国(地)的海关入境申报规定,以备海关抽检行李。

(六)与接团境外导游汇合

办理完以上手续后,领队可以举起领队旗,带全体游客到出口与前来迎接的境外导游汇合,并进行简单的工作交流。

【情景训练】

请根据表 2-5 和表 2-6,完成办理旅游团队出境手续的技能训练。

训练要求:

一位学生扮演领队小李,其余学生扮演游客。旅游团队模拟在厦门高崎机场出境,领队小李带领游客办理"一关四检"的手续。

任务四　境外旅行服务

一、入店服务

（一）分房

领队与旅游目的地导游一起到饭店总台领取房间钥匙，由领队按事先填好的房间分配表分配住房，告知全团游客领队的房号和房间电话号码。

（二）告知游客注意事项

领队在游客入住房间前应将注意的事项告知游客。如提醒游客尊重服务人员；提醒游客在走廊等公共区域注意衣着得体；指引游客爱护和正确使用住宿场所设施设备；引导游客减少一次性物品的使用；告知游客国外饭店一般不提供开水，有喝茶习惯的客人可以借电水壶烧水或到餐厅泡茶。

（三）引导游客进入房间

领队引导游客进入房间，及时向酒店反映和协助处理游客就客房设施、卫生条件等方面提出的问题。

二、用餐服务

1. 辅助服务。游客用餐过程中，领队应当随时走动，看游客是否需要加饭加菜，为其提供语言上的翻译辅助。

2. 对游客的用餐提醒。境外用餐的习惯与国内有很多不同，因此领队应当将国外的一些用餐规矩告诉游客，提醒游客注意用餐礼仪，有序就餐，避免高声喧哗干扰他人；吃自助餐的时候适量点用，避免浪费。

3. 领队还应对用餐的情况进行监督，看是否符合预定的标准，若有不符，应及时向地陪反映，并要求其改正。

三、观光游览服务

（一）监督每日的接待计划

领队与境外导游人员商定日程。商定日程时要注意，遇有境外导游人员修改日程时，应坚持"调整顺序可以，减少项目不行"的原则，必要时报告国内组团社。

（二）辅助完成游览计划

1. 领队应协助境外导游完成对旅游景点的讲解工作。如果境外导游对景点的部分内容讲解不清，领队在旁可以轻声提醒导游。

2. 游览中,领队应走在游客的最后,留意游客的动向,防止各种事故的发生。

(三)提醒游客文明旅游

1. 导游领队应提醒游客遵守游览场所规则,依序文明游览。

2. 在自然环境中游览时,导游领队应提示游客爱护环境、不攀折花草、不惊吓伤害动物、不进入未开放区域。

3. 观赏人文景观时,导游领队应提示游客爱护公物、保护文物、不攀登骑跨或胡写乱划。

4. 在参观博物馆、教堂等室内场所时,导游领队应提示游客保持安静,根据场馆要求规范使用摄影摄像设备;不随意触摸展品。

5. 游览区域对游客着装有要求的(如教堂、寺庙、博物馆、皇宫等),导游领队应提前一天向游客说明,提醒游客准备。

6. 导游领队应提醒游客摄影摄像时先后有序,不妨碍他人。如需拍摄他人肖像或与他人合影,应征得同意。

四、购物服务

中国游客多数喜欢购物,尤其是到境外旅游的时候,中国游客的购买力在全世界都居于前列,因而在出境旅游过程中,安排购物已经成为非常重要的一个项目。但在出游前与签订合同时需要和游客签订补充合同,双方确认好安排购物的时间和次数。领队在购物期间应做好以下工作:

1. 做好购物向导工作:领队应向游客介绍当地商品的特色。

2. 告诉游客购物退税的规定。领队应了解欧洲国家对购物退税的规定,这些国家对外国公民购买的,不在本国消费的部分工业产品可以给予退税优惠。领队应提醒客人索取购物发票和退税证明,以便出境时办理退税手续。

3. 告知货币的兑换率和海关出入境的要求。

4. 提醒游客理性消费,保持购物场所秩序,不哄抢喧哗。

【情景训练】

请根据表 2-5 和表 2-6,完成境外旅游接待的技能训练。

训练要求:

一位学生扮演领队小李,一位学生扮演泰国导游小林,其余学生扮演游客。

(1)模拟团队进入饭店后,领队小李提醒游客入住后的一些注意事项;

(2)模拟团队在进入土产市场购物前,泰国导游小林为游客介绍当地的特色商品,向客人解释购物退税的情况。

【补充阅读】

你所不知的购物退税

1. 什么是购物退税？

国外购物退税是指境外游客在退税定点商店购买随身携运出境的退税物品，按规定退税的政策买完商品后再退税。退的是消费税和增值税，税费集中在 5%～20%。比如，如果一次性购买了 3 万元的商品，最高能拿回 6000 多元的退税金。目前有购物退税的国家包括欧盟主要成员国、澳大利亚、日本、韩国、新加坡、泰国等在内的 50 多个国家和地区都实行了这一制度。

2. 海外购物，哪些物品可以购物退税？

各国退税政策各不相同。有资料显示，以欧洲为例，基本除了超市的日用品外，其他的东西都能退税。

美国不收取联邦消费税，所以没有国家级的退税制度。各州、各城市会收取州税、地方税，税率在 0%～9% 不等。美国旅游业较发达的纽约州、加州、佛罗里达州和夏威夷州对海外和其他州来的游客都没有退销售税的这一说法。

游客在日本购物大部分都能够退税。日本消费税今年上调至 8%，日本规模较大的商场都有专门的退税点。

3. 国外购物如何退税？

退税地点 1：商店

购物时候一定要弄清楚所在的城市是否有针对国外消费者退税的相关服务。寻找有"Tax Refund"、"Tax Free"或是"Euro Free Tax"等标示的商家。购物后，填写退税单。如，填写姓名、购物金额、护照号码、退税金额等。有些大百货公司购物，可以在商店里设的退税窗口以信用卡担保，缴纳一定手续费后当场获现金退税。有些可以在商店直接退现金。

退税地点 2：海关

要顺利退税，还必须在离开购物国时，向海关官员出示你所购买的未经使用的商品、商店收据和护照，海关官员核准后将在退税单上盖章。如果没有这枚海关印章，退税将半途而废。

任务五　办理目的地离境手续

一、做好准备工作

离境前，领队应提醒、帮助客人做好所购物品的包装工作；检查游客护照是否安全在身；核对机票的航班、起飞机场和起飞时间等；提醒需要办理退税的游客在离开机场前办理完退税手续。

二、提前到达机场,办理乘机手续

乘坐国际航班,领队需要带领旅游团至少提前两个小时到达机场,如果全团需要退税的物品较多,那么到达机场的时间还需提前。在到达机场后,领队应帮助全团游客办理乘机手续,领取登机牌。

三、填写出境卡

大多数国家的出境卡与入境卡是印刷在一张纸上的,领队需要在全团离开酒店之前指导游客将出境卡的相关内容填写完成。若出境卡需要重新填写的,则在机场出境柜台领取,领队必要时可帮助游客填写。

四、离境边检

领队依次带领游客进入离境边检区域后,提醒游客在1米线外排好队,将护照、出境卡、登机牌交给边检人员检查。边检人员检查完毕,护照将被加盖离境公章,然后要把护照和登机牌退还游客,而把出境卡留下。

五、办理海关出境手续

通过海关前,领队应当将海关的规定及购买物品申报的利害关系向游客说明,如果有游客携带了限制出境的物品,要求游客主动申报限制携带出境的物品,避免麻烦,走"申报通道";无须申报的游客则走"免税通道"即可。

六、准备登机

领队带领游客到候机厅,核对按照登机牌上的标示找到指定的登机口候机。在国外候机厅有较多的免税店,因而大多数游客都会利用这一机会到购物点里采购商品,领队应提醒游客注意听机场广播或看机场显示屏的提示,以免误机。

【情景训练】

请根据表2-5和表2-6,完成办理目的地离境手续的技能训练。

训练要求:

一位学生扮演领队小李,其余学生扮演游客。模拟在泰国曼谷机场国际出发大厅,领队小李带领游客办理旅游团队离境手续的情景。

任务六　办理回国入境手续

一、接受卫生检疫检查

领队带领游客返回国内的飞机途中,指导游客填写好"入境健康检疫申明卡"。在飞机到达国内机场后,领队带领游客在中国检验检疫柜台将申明卡交给工作人员。

二、接受边防检查

领队带领游客来到边检柜台接受入境检查。每位游客需要将护照交给边检人员。边检检查无误后在护照上加盖入境验讫章,然后将护照还给游客,游客即可继续入境。

三、领取托运行李

四、接受海关查验

五、团队解散

在行程计划中规定的城市散团,收回旅行社发放的意见征询表,在临别团队之际,领队应致欢送词,对团队圆满完成全部行程表示祝贺,对客人的支持和合作表示感谢。

任务七　后续工作

一、提交领队日志和旅游服务质量评价表

1. 领队日志是领队按要求每日填写的,记载了团队从出发到归来的主要情况,包括住宿酒店、用餐、游览、导游、当日交通工具的运用等,是团队运行的原始记录。

2. 旅游服务质量评价表是领队在出团说明会上发给游客,待旅程结束后让游客填写好回收后带回交给旅行社的。这集中了游客对旅行社提供的境外旅游多项服务的评价意见,是来自游客的最直接反映,对旅行社改进工作会很有帮助。

二、提交特殊事件的书面报告和接团工作总结

1. 领队对带团期间发生的特殊事情应进行书面报告。对带团当中团队在旅游期间发生的一些重要情况,领队应当提供单独的书面报告。团内发生过的一些事情包括团队游客过生日、游客之间发生的争吵、证件丢失等,领队都应以书面报告的形式进行详细记录、汇报,以备日后查询。

2. 领队的接团个人工作总结。领队的接团工作总结,应当包括领队本人对所带出境旅游团的认识、对地接社接待质量及存在问题的分析、游客的反馈意见以及对本条线路工作改进的建议等。

三、报账

领队应按照旅行社财务规定报销相关的费用,归还借用的物品。

模块三 导游服务技能模块

项目 **1**

导游语言技能

【知识目标】通过对导游语言技能的学习,使学生熟悉导游语言的分类,掌握导游语言运用原则及其具体内容,熟悉导游语言表达的基本要求。

【能力目标】学生能够在导游讲解中准确地运用口头语言,合理地运用态势语言,语言表达生动、形象。

任务一　导游语言的种类

现代语言学家认为,语言是传递信息的一种符号。导游语言便是导游员用以做好导游服务工作的重要手段和工具。导游员掌握的语言知识越丰富,驾驭语言的能力越强,运用得越好,信息传递的障碍就越小,游客就越容易领悟,导游讲解和沟通的效果越好。

从语言的表现形式分,导游语言可分为口头语言、态势语言、书面语言。在导游服务中,口头语言、态势语言使用最多,它们是导游员用来表情达意、实现导游服务目的的主要手段。

一、口头语言

口头语言是导游人员在为游客提供服务中运用的主要语言形式。在导游人员为游客提供导游服务的过程中,主要通过声音来表达要讲述的内容和情感。口头语言的形式可分为独白式和对话式两种。

(一)独白式

独白式是导游人员讲、游客倾听的单向语言传递方式。如导游人员致欢迎词、欢送词或进行独白式的导游讲解等。旅游过程中,导游是处于主导地位的,在游览过程中游客需要通过导游的讲解深度了解参观景点的特色,因此,独白式的语言表达也是整个旅游过程中使用频率最高的方式。

独白式口头语言的特点:第一,目的性强。导游人员讲一席话,或是为了介绍情况,或是为了联络感情,或是为了说明问题。第二,对象明确。始终面对旅游团的全体游客说话,因而能够产生良好的语言效果。第三,表述充分。因为运用独白式进行语言传递,通常都有预先准备的过程。对要接待的团队的基本情况、浏览的景点已经了解后,导游员可以有针对性地查阅资料、选择内容,在独白时间内,把自己所要传递的主要信息完整、有层次地表述出来。

(二)对话式

对话式是导游人员和游客之间的双向语言传递方式。是导游人员与一个或数个游客之间进行问答、商讨等方式的交谈,如。导游人员通过与游客之间进行对话,往往可以起到调动游客情绪、活跃气氛的作用。

例如:

导游人员:"知道我们龙岩当地的居民属于我们汉族的哪个民系吗?"

游客:"知道,是客家民系吧!"

导游人员:"没错,那您知道客家人的来历吗?"

游客:"好像说是因为战乱从中原迁徙过来的。"

导游人员:"您说得很对! 客家人历史上经历了五次大迁徙,第一次大迁徙发生于西晋永康元年。"

由上例可看出对话式口头语言的特点:第一,依赖性强,即对语言环境有较强的依赖性,对话双方共处同一语境,有些话不展开来说,只言片语也能表达一个完整的或双方都能理解的意思;第二,反馈及时,对话式属于双向语言传递形式,其信息反馈既及时又明确。

二、态势语言

态势语言是以人的表情、姿态和动作等来表示一定语义、进行信息传递的一种伴随性无声语言,义称为体态语言或人本语言。

态势语言能有效地配合有声语言传递信息,能起到补充和强化有声语言的作用,运用得好不仅可以强化有声语言表达效果,甚至有时还能起到口头语言难以企及的作用。态势语言按其定义可分为三种类型:表情语、姿态语和动作语。

(一)表情语

人的脸色变化、面部器官的动作可以传递复杂的思想情感、表露不同的心态。导游员的面部表情应该使人感到可以接近,要给客人留下一种自然、平和的感觉,对导游人员来说较为重要的是微笑语和目光语。

1. 微笑语

在导游工作中,微笑与平和是脸部表情的核心。微笑是一种良性的脸部表情,能反映出一个人的内心世界,是自信的标志、礼貌的象征、涵养的外化和情感的体现。在导游工作中,微笑能够迅速有效地缩短对方的心理距离,还可以消除游客的抵触情绪,化解不愉快的气氛。微笑时要做到嘴角含笑,发自内心的微笑是一个导游员美好心灵和亲和力的重要体现,是塑造导游员良好形象必不可少的手段。

2. 目光语

目光语通过视线接触传递信息,是面部表情达意最丰富的渠道,是表情语中的核心。艺术大师达·芬奇说"眼睛是心灵的窗户",一个人的思想情感可以通过眼神反映出来。一般来说,人的视线向上接触(仰视)表示"期待"、"盼望"或"傲慢"等含义。视线向下接触(俯视)则表示"爱护"、"宽容"或"轻视"等含义,而视线平行接触(正视)表示"理性"、"平等"等含义,导游人员常用的目光语应是正视,让游客从中感到自信、坦诚、亲切和友好"。

在导游讲解时,运用目光语主要掌握以下几点:

(1)目光的连接。导游员在讲解的时候,目光要注意和游客交流,目光不能只注视某人、某物,需要关注到其他游客;也不能低着头或望着毫不相干处,只顾自己口若悬河地讲解而与客人无沟通,要用目光向游客表达你的情感。

(2)目光的移动。导游员在讲解某一景物时,首先要用目光把游客的目光引向景物的方向,然后再及时收回目光,继续投向游客;你的视线朝向哪方,你的面孔就应正对哪方。

(3)目光的注视时间的分配。视线接触对方面部的时间应占全部时间的40%左右。注视时间超过60%,长时间目不转睛盯着游客看是一种失礼的行为;而注视时间如果不足20%,则会被误解为心不在焉应付了事。

(4)目光注视的方式。一般以正视和环视为宜。与个别游客交谈时,用正视表示尊重和庄重;面对全团成员致辞与讲解时要用正视与环视相结合的方式,目光长时间停留在个别人或少数人身上,或长时间不看客人都是失礼的行为。因而要照顾到处于前排、后排、左侧、右侧的所有人,让处在每个位置上的游客都感到受重视,造就一种友好和谐、服务周到的良好气氛。

(二)姿态语

姿态语是通过端坐、站立、行走的姿态来传递信息的一种态势语言,可分为坐姿、立姿和走姿三种。

1. 坐姿

导游人员要根据不同的场合、语言环境选用适当的坐姿,都要表现出对游客的尊重,给游客一种温文尔雅的感觉。其基本要领是:上体自然挺直,两腿自然弯曲,双脚平落地上,臀部坐在椅子中央,男导游人员一般可张开双腿,以显其自信、豁达;女导游人员一般两膝并拢,以显示其庄重、矜持。坐态切忌前俯后仰、摇腿跷脚或跷起二郎腿。

2. 立姿

导游人员的立姿要给游客一种谦恭有礼的感觉。其基本要领是:头正目平,面带微笑,肩平挺胸,立腰收腹,两臂自然下垂,两膝并拢或分开与肩平。导游人员在讲解时多采用站立的姿态。若在旅游车内讲解,应注意面对游客,可适当倚靠司机身后的护栏杆,也可用一只手扶着椅背或护栏杆;但一定要保持上身直立。

应避免两手叉腰或把手插在裤兜里、双手叉腰、双臂抱于胸前或身体重心放在一条腿上的立姿,更不要有怪异的动作,如抽肩、躬背、乱摇头、擤鼻子、掐胡子、舔嘴唇、不停地摆手等等。

3. 走姿

导游人员的走姿要给游客一种轻盈稳健的感觉。其基本要领是:行走时,上身自然挺直,立腰收腹,肩部放松,两臂自然前后摆动,身体的重心随着步伐前移,脚步要从容轻快、干净利落,目光要平稳,可用眼睛的余光(必要时可转身扭头)观察游客是否跟上。行走时,不要把手插在裤袋里。

（三）手势语

手势语是通过手的摆动和手指动作来表达语义和传递信息的一种态势语言。它也是一种重要的信息传递方式，有强化口语的作用，有时还能表达口语中难以表述的内容。

在导游讲解中，手势不仅能强调或解释讲解的内容，而且还能生动地表达口头语言所无法表达的内容，使导游讲解生动形象。导游讲解中的手势有以下三种：

1. 情意手势

情意手势是用来表达导游讲解情感的一种手势，可以用握拳、挥臂来表达。譬如，在讲解古田会址时说到"《古田会议决议》成为了我党我军建设的纲领性文献。所以说：人民军队从这里走来，成功从这里开始！"时，导游人员用握拳的手有力地挥动一下，既可渲染气氛，也有助于情感的表达。

2. 指示手势

指示手势是用来帮助导游指示具体对象的一种手势，在指示的时候需要五指并拢，掌心可以稍弯曲，应避免用一根手指指示。比如，导游人员在带领游客进入振成楼后，介绍楼内的对联时说："大家请看祖堂前面的石柱上有两副对联。中间一副的上联：'振乃家声好就孝弟一边做去。'下联：'成些事业端从勤俭二字得来。'"这时就需要运用指示手势，可用指示手势来一字一字地加以说明。

3. 象形手势

象形手势是用来模拟物体或景物形状的一种手势。譬如，当讲到"有这么大的鱼"时，可用两手食指比一比；当讲到"五公斤重的西瓜"时，可用手比成一个球形状；当讲到"四川有座峨眉山，离天只有三尺三；湖北有座黄鹤楼，半截插在云里头"时，也可用手的模拟动作来形容。

【情景训练】

根据本节内容，完成导游人员态势语言的训练。

训练要求：

由老师课前发给学生一篇导游词，学生根据导游词的内容分析如何融入态势语言，要求在讲解过程中合理地运用目光与游客交流，适当地用脚步移动模拟讲解景点的转换，合理地运用手势语言辅助导游词的讲解。

任务二 导游语言的运用

一、导游语言运用"四原则"

导游语言是思想性、科学性、知识性、趣味性的结合体。导游员运用语言时要遵循"正确、清楚、生动、灵活"的原则，从中不断锻炼和提高，使语言的表达生动形象，引人入胜。

（一）正确

正确是指导游员在导游讲解时要使用规范化的语言，内容正确无误、逻辑性强。这是导游语言科学性的具体体现，通过导游活动，导游人员向游客传播中华文明，传递审美信息。在这一活动中，"一伪灭千真"，"正确性"是导游员在导游讲解时必须遵守的基本原则。

导游语言的正确性主要表现在下述三个方面：

第一，导游讲解的内容必须有根有据、正确无误，切忌胡编乱造、张冠李戴，即使是神话传说也应有所本源，不得信口开河，而且须与游览景点有紧密联系。比如，一些湖南的导游在讲解岳麓书院讲堂的两把椅子时，会解释说古代老师讲课是两位老师，一位负责"讲"，一位负责"解"，讲解讲解，一讲一解，当然是两把椅子了，这就是以讹传讹，误导游客——其实摆两把椅子只是为了纪念朱熹和张轼，仅此而以。

第二，语言、语调、语法、用词造句正确。

第三，敬语和谦语有助于传达友谊和感情，但应注意尊重对方的风俗习惯和语言习惯，也要符合自己的职业角色。讲解中正确运用东西方的成语、谚语、名人名言往往能起到画龙点睛的作用，还可使导游讲解的品位提高，令游客产生好感，但一定要了解其正确意义及使用场合，不要滥用形容词。

（二）清楚

清楚是导游语言科学性的又一体现，要求导游员在导游讲解时要做到以下几点：

第一，讲解内容表述准确、层次分明、逻辑性强，使用通俗易懂的语言，忌用歧义语和生僻词汇；尽量口语短句化，避免冗长的书面语；不要满口空话、套话和死记硬背，使用政治名词时要作适当解释。

第二，口齿清晰，导游员要避免家乡音和方言语法的影响。发音吐字不清，容易导致误解或曲解。

第三，文物古迹的历史背景和艺术价值，自然景观的成因及特征必须交代清楚。

（三）生动

生动形象、幽默诙谐是导游语言美之所在，是导游语言的艺术性和趣味性的具体体现。语言的生动性不仅要考虑讲话的内容，也要考虑表达方式，还要力求与神态表情、手势动作以及声调等和谐一致。所以，导游员在导游讲解时要力求做到：

第一，使用形象化的语言，以求创造美的意境。

第二，使用生动流畅的语言。语言生动流畅才能达意，给人以美感，它是导游讲解成功的基本保证之一。

第三，在充分掌握导游资料的情况下注意趣味性，努力使情景与语言交融，激发起游客的浓郁的游兴。

第四，恰当比喻。以熟喻生使导游讲解更易理解，生动的比喻往往会让人感到亲切。

第五，幽默感。幽默风趣的语言如果运用得当，能起到活跃气氛、提高游兴的作用。遇到问题时，幽默可以稳定情绪，保持乐观，忘记（至少暂时忘记）忧愁和烦恼；幽默还是一种处理问题的手段，它可以消除人际关系中的不和谐，可以缓解甚至摆脱窘境。

第六，表情、动作的有机配合。在导游讲解时，导游员的神态表情、手势动作以及声音语调若能与讲解的内容、当时的气氛有机配合、协调一致，定会产生极佳的效果。

（四）灵活

导游语言的灵活性体现在导游员应具备语言的应变能力。根据不同的对象和时空条件决定讲解的多少、内容的深浅、语言的层次、声音的大小等等。

根据这一原则，在讲解中，导游员要灵活使用导游语言，使特定景点的讲解适应不同游客的文化修养和审美情趣，满足他们不同层次的审美要求。如对专家、学者和"中国通"，导游员在讲解时要注意语言的品位，要谨慎、规范；对初访者，导游员要热情洋溢；对年老体弱的游客，讲解时力求简洁从容；对青年，导游讲解应活泼流畅；对文化水平低的游客，导游语言则力求通俗化。这就要求导游员在较高的语言修养的基础上灵活地安排讲解内容，使其深浅恰当、雅俗相宜，努力使每个游客都能获得美的享受。

此外，导游员要与游客的目光所及的景象融为一体，要使游客的注意力集中于导游讲解之中，这是衡量导游讲解成功与否的标准之一。

二、导游语言的"八要素"

（一）言之有物

导游讲解的内容要充实、有说服力；导游员的语言应是客观事物的概念化，具有鲜明的思想性，给人启迪；不讲空话、套话，不玩弄美丽辞藻。例如，游览杭州岳庙，大殿塑像两侧绘有八幅壁画，其中有"岳母刺字"和"从师学艺"的内容，导游在介绍时说："岳飞之所以能成为中华民族名垂千古的英雄，是和他所受的家庭和学校教育分不开的，他的成才是有其必然性的。因此，我们的家长和教师都应重视孩子的教育。"

（二）言之有据

导游讲解必须有根有据、令人信服，不得胡编乱造、张冠李戴，导游人员讲解要负责，切忌弄虚作假。例如无锡寄畅园的八音洞，有人解释为"八音"是乐谱中的八个音符，这样的讲解是以讹传讹，最终必将成为游客的笑柄。其实，"八音"是我国古代以各种不同材料制成的乐器，诸如：丝（弦乐器，如筝、琵琶等）、竹（管乐器，如笛、箫等）、金（打击乐器，如钟、锣等）、石（如磬）、木（如檀板）、土（如埙、哑等）、革（如鼓）、匏（如笙）。

（三）言之有理

导游员说话要诚实，不尚虚文；要讲道理，以理服人，即要言之有理，入情入理。

例如导游介绍冠豸山被称为"正义之山"，应充分说明自然和人文的两大原因。一方面由于冠豸山山形与古代执法官的官帽"獬豸冠"相似，而"豸"是中国古代的神兽，传说能辨是非曲直，秉公执法；另一方面则是因为冠豸山从宋代起就兴理学，到处都有许多理学家的足迹，慢慢形成的法治思想也成为历朝历代推崇公平正义的重要理论根据。

（四）言之有情

导游员的言语要友好，富有人情味，要让听者感到亲切、温暖。

（五）言之有礼

导游员讲话要言语文雅、谦虚敬人，令游客听后赏心、悦耳。礼貌的语言是服务性行业职业道德的重要内容之一，要求时时处处保持。有礼不仅指在讲解中，还包括在一般的交谈和会话中，无论与游客还是与司机或是与当地相关部门的协作者，言语礼貌都不可失。这也是游客对导游服务质量和个人修养评价的重要衡量标准之一。

（六）言之有神

言者有神，言必传神。导游员在讲解时要精神饱满、声音传神，要多用形象化的语言，引人入胜。例如当导游带领游客在参观古田会议会址、长汀革命旧址群的时候，导游可以唱上几句红色歌曲，如《十送红军》《剪掉髻子当红军》，能够将游客带回到那段革命岁月中；当导游带领游客到连城、永定等客家县旅游时，导游也可以唱起客家山歌，让游客感受到客家人民的热情好客。

（七）言之有趣

导游员说话诙谐、幽默、风趣会令人愉悦，有助于活跃气氛，提高游兴。例如东岳泰山另有"岳父"之意，系典出于唐玄宗登泰山封禅时宰相张说（音"悦"）提升其婿郑镒之事。唐玄宗封禅返京，见郑镒官服变更，始询其因，有人回答说"此泰山之力也"，所以后人称岳父为泰山。这样的讲解有一定的趣味性。

（八）言之有喻

适当比喻，以熟喻生，生动易懂，听者倍感亲切，会给人留下深刻美好的印象。如登上鼓浪屿日光岩后，导游介绍四周的风景时说："这四周的风景，整个鼓浪屿岛全景全入您眼中，那卧海如盆景似的菽庄，那蓝顶的如水晶宫的海底世界，那如美国白宫建筑的厦门博物馆。"

【情景训练】

根据本节内容，完成导游人员语言运用的训练。

训练要求：

1. 学生在两分钟时间内，用语言介绍自己家乡的风土人情，要求讲述内容完整、口齿清晰、生动流利。

2. 老师课前发给学生一篇导游词，学生根据导游语言的"八要素"对导游词内容进行分析，列出导游词中文字运用了"八要素"的哪些方面。

项目 **2**

导游讲解技能

【知识目标】通过对导游讲解技能的学习,熟悉导游讲解的常用方法,掌握导游词的写作结构。

【能力目标】学生学会在导游讲解中根据场景、人物的变化灵活运用讲解方法;能够独立撰写导游词并合理运用讲解方法。

任务一　常用导游讲解的方法

导游方法是导游艺术的重要组成部分。一个导游员的讲解要赢得游客的赞扬,进行引人入胜的讲解,就得充分运用导游艺术手法。目前对导游讲解方法的提法很多,我们仅就几种常用的方法作一介绍。

一、概述法

这种方法就是导游用直截了当的语言,简明扼要地介绍参观游览点概况的讲解方法,一般适用于前往景点的途中或在景点入口处的示意图前讲解时使用。讲解内容包括景区(城市)的历史沿革、地理位置、布局、规模、游览线路、游览时间等。

二、分段讲解法

分段讲解是指将一处大景点分为前后衔接的若干部分来分段讲解。这种方法主要适合那些建筑规模或占地面积特别大的景点景区,如北京故宫、九寨沟、长江三峡等。

首先在前往景点的途中或在景点入口处的示意图前,导游员用概述法介绍景点(包括历史沿革、占地面积、欣赏价值等),并介绍主要景观的名称,使游客对即将游览的景点有一个初步的印象,达到"见树先见林"的效果;到达景点后,就按照先后顺序进行导游讲解。导游员在讲解这一景区时,注意不要过多涉及下一景区的景物,但要在快要结束这一景区的游览时,适当地讲一点下一个景区,目的是引起游客对下一景区的兴趣。

如导游讲解冠豸山景区时,一般将冠豸山景区分为三大部分:第一部分为前山景区,包括半云亭、"圣旨"牌坊、"上游第一观"、东山草堂、长寿峦;第二部分为后山景区,包括鲤鱼背、"高空飞车"表演、桫椤幽谷、香兰亭;第三部分为石门湖景区。

三、突出重点法

突出重点法就是导游员在导游讲解中要避免面面俱到，重点突出某一方面的讲解方法。如果导游员讲解模糊，没有突出重点，游览结束后肯定不会给游客留下深刻的印象。

导游员讲解时应有的放矢，做到轻重搭配、详细得当、重点突出。所突出的内容应是：

第一，代表性。对游览规模大的景点，导游员必须做好周密的计划，确定重点景观。这些景观既要有自己的特征，又能概括全貌。到现场游览时，导游员主要讲解这些具有代表性的景观，如游览洪坑土楼民俗文化村时，应将重点放在振成楼上，建筑具有中西合璧特色，同时楼内蕴含丰富客家思想的振成楼是整个土楼民俗文化村的代表。

第二，与众不同。这指的是突出一个"特"字。如佛教寺院，其历史、宗派、规模、结构、建筑艺术、供奉的佛像等各不相同，导游员在讲解时应突出介绍其与众不同处，以有效吸引游客的注意力，避免产生雷同的感觉。

第三，游客感兴趣的内容。导游员在研究旅游团的资料时，要注重游客的职业和文化层次，以便在游览时重点讲解旅游团内大多数成员感兴趣的内容。

第四，突出"……之最"。导游讲解要突出景观最值得关注的地方，导游员可根据实际情况用"……之最"、"最……"来表示。比如故宫是世界迄今为止保存最完整、规模最大的宫殿建筑群；最高的土楼是位于永定抚市的永隆昌楼；三坊七巷是我国在都市中心保留的规模最大、最完整的明清古建筑街区。

四、触景生情法

触景生情就是见物生情、借题发挥的导游讲解方法。它有两层含义：第一层含意是：导游员不能就事论事地介绍景物，而是要借题发挥，利用所见景物使游客产生联想。如游览培田古民居的容膝居时，导游可以介绍这是中国最早的女子学堂，由墙上有"可谈风月"四个字可以看出当时这里对女权思想的开放。顺势介绍这里女子学堂的由来以及女权进步思想的影响。

第二层含意是：导游讲解的内容要与所见景物和谐统一，使其情景交融。如当旅游团在参观初溪土楼群时，导游人员就可以结合姜文的电影《一步之遥》的取景地，结合电影的情景进行生动的描绘。

五、虚实结合法

虚实结合法就是导游员在导游讲解中将典故、传说与景物介绍有机结合，即编织故事情节的导游讲解方法。就是说导游讲解故事化，从而产生艺术感染力，使气氛变得轻松愉快。这里的"实"是指景物的实体、实物、史实、艺术价值等，"虚"指的是与景点有关的民间传说、神话故事、趣闻逸事等。"虚"与"实"必须有机结合，以"实"为主，以"虚"为辅，并以"虚"加深"实"的存在。如讲解杭州断桥时，结合白娘子和许仙在断桥上"千年等一回"的故事，一定显得更加风趣生动，再如介绍海南三亚"鹿回头"的时候，就伴随着一个仙鹿化人与黎族猎手长居人间的动人传说。

六、问答法

问答法就是在导游讲解时,导游人员向游客提问题或启发他们提问题的导游讲解方法。主要有三种形式:自问自答、我问客答、客问我答。

1. 自问自答法。这是由导游员自己提出问题并作适当停顿,让游客猜想,但不期待他们回答,这样只是为了吸引游客的注意力,促使游客思考,激起游客的兴趣,然后导游员才做简洁明了的回答或做生动形象的介绍,给游客留下深刻印象。

2. 我问客答法。要求导游员善于提问题,所提的问题游客不会毫无所知,但会有不同的答案。导游员要诱导游客回答,但不要强迫回答,以免尴尬。游客的回答不论对错,导游员都不应打断,要给予鼓励,最后由导游员讲解。如在景点中我们经常会看到砖雕、木雕以及各种花纹图案,导游员可向游客提问它们的寓意,比如蝙蝠、桃子和灵芝三种图案合在一起有何寓意?游客肯定大感兴趣,在游客回答不出的情况下,导游员可以将它们的象征意义说一番后,说"三者合而为一,寓意福寿如意"。

3. 客问我答法。导游员要欢迎游客提问题,当游客提出某一问题时,证明他对某一景物产生了兴趣。导游员对游客提出的问题即使是幼稚可笑也不能笑话他们,更不能显示出不耐烦,而是要善于有选择地将回答和讲解有机地结合起来。注意不要让游客的提问冲击导游员的讲解,打乱导游员的安排,不能游客问什么就答什么,一般只回答一些与景点有关问题。

七、制造悬念法

导游员在导游讲解时常提出些令人感兴趣的话题,但又故意引而不发,激起游客急于知道答案的欲望,使其产生悬念的方法即为制造悬念法。通常是导游员先提出问题但不告之下文或暂不回答,让游客去思考、琢磨、判断、最后才讲出结果。

制造悬念的方法很多,如问答法、引而不发法、引人入胜法、分段讲解法等都可产生制造悬念的效果。苏州网师园有"月到风来"亭,此亭傍池而建,面东而立,亭后装一面大镜子,将前面的树石檐墙尽映其中。游客到此游览时,导游员只提一句:每当皓月当空的夜晚,在这里可以看到三个月亮。这句话定会引起游客的好奇:天上一月,池中一月,怎会有第三个月亮?当游客的脸上露出迷惑不解的表情时,导游员才点破:第三个月亮在镜中。游客顿时恍然大悟,高兴之余定会赞叹大镜子的安置之妙。

八、类比法

类比法就是以熟喻生,达到类比旁通的导游讲解方法。导游员如用游客熟悉的事物与眼前的景物相比较,定会使游客感到亲切和便于理解,达到事半功倍的讲解效果。

类比法分为同类相似类比和同类相异类比两种。

(一)同类相似类比

即将相似的两物进行比较,如将北京的王府井大街比作日本东京的银座、美国纽约的第五大街、法国巴黎的香榭丽舍大街;把上海的城隍庙比作日本东京的浅草;参观苏州时,可将其比作"东方威尼斯";讲到梁山伯与祝英台或《白蛇传》中的许仙和白娘子的故事,可以将其比作中国的罗密欧与朱丽叶。

(二)同类相异类比

即将两种景物比出规模、质量、风格、水平、价值等方面的不同,如在规模上可将唐代的长安城与罗马帝国的首都君士坦丁堡相比;在价值上可将秦始皇陵地宫宝藏同古埃及第十八朝法老图坦卡蒙陵墓的宝藏相比;在宫殿建筑和皇家园林风格和艺术上,可将北京的故宫和巴黎附近的凡尔赛宫相比;在海滩热带风光上,可将三亚的亚龙湾与泰国的芭堤雅相比。

(三)时代之比

导游员在导游讲解时,可进行时代之比。在介绍振成楼所耗费的银两时,导游可以介绍振成楼于 1912 年开始建造,用了 5 年的时间才全部竣工,花了当时的 8 万光洋。按照现在一个光洋就是 130 元的市场价,也就是说花了相当于我们现在的 1000 多万元人民币才建造而成的。这样的对比让游客更能感受到振成楼耗资的巨大,即使放在今天也是非常高的价格了。

九、画龙点睛法

画龙点睛法即用凝练的词句概括所游览景点的独特之处,给游客留下突出印象的导游讲解方法。游客边听导游员讲解边观赏景物,既看到了"林",又欣赏了"树",一般都会有一番议论,导游员这时可做适当总结,以简练的语言,甚至几个字来点出景物精华之所在。例如,参观南京后,导游用"古、大、重、绿"四个字描述南京风光;游览龙岩后,导游用"红色圣地、客家祖地、生态龙岩"来概括龙岩的旅游资源特点;在游览黄山和九寨沟时,导游又可以用"黄山归来不看山,九寨归来不看水"来赞赏。

【情景训练】

根据本节内容,完成导游人员常用讲解方法的训练。

训练要求:

1. 学生用两分钟时间的语言介绍自己家乡的风土人情,要求讲述内容完整、口齿清晰、生动流利。

2. 老师课前发给学生一篇导游词,学生根据导游语言的"八要素"对导游词内容进行分析,列出导游词中文字运用了"八要素"的哪些方面?

任务二　导游词的结构

一、导游词的概念和作用

(一)导游词的概念

导游词是导游人员引导游客游览观光的讲解词,一篇优秀的导游词能够使游客在游览过程中获得更生动的体验,旅游景观中蕴含着丰富的历史文化、民族风俗及自然知识。导游人员只有在掌握丰富资料的基础上,经过科学系统的加工整理,并在实践中不断修改、丰富和完善,才能形成具有自己特色的导游词,才能让游客在导游讲解的追溯和联想中充分享受历史和文化的魅力。

(二)导游词的作用

由于导游词是对具体的游览场景进行解说,所以它具有两个作用:一是增长游客的知识,开阔游客的视野;二是引领游客的审美情趣。这就要求在撰写导游词的时候对所要介绍的内容进行深入细致的研究,同时有独特的视角,挖掘其内在的审美韵味。切忌不懂装懂,胡乱编造,违反政策法规和导游管理条例。撰写导游词必须准确把握历史背景,揭示其文化内涵,选择鲜明准确的语言,引导游客进入一个崇高的审美境界。

二、导游词的结构

(一)标题

每篇导游词都是针对某一个景区或者景区中的某一个景点、特色的介绍,因而标题就是整篇导游词的主旨内容。

(二)游览线路

导游词的需要根据导游带领游客在旅游景区游览的实际行走线路来进行写作,将其中需要讲解的主要景点列举出来,形成清晰的游览线路。

(三)前言

前言是导游人员在陪同游客参观、游览前对游客表示热情欢迎、自我介绍、交代安排游览活动计划、提醒有关事项、联络情感营造良好氛围,向主题过渡的文字。它是对游览活动的一个很好铺垫。

(四)总述

总述部分是对游览对象进行概括介绍。包括这样几个内容:游览地的地理位置、历史沿革、将要游览的主要内容和特色、游览时间、游览地的旅游价值和地位等等。主要作用是给游客一个总的印象,使游客对游览地有一个全面的认识,激发其游览的浓厚兴趣,还可以达到提醒游客做好游览过程的物质、精神准备的目的。

(五)分述

分述是导游词中对各部分景观进行逐一具体讲解说明的部分,也是一篇导游词的主体部分。写作这一部分,一般按照游览线路的先后次序或者方位,对景观做出具体解说。由于各个景观具有相对的独立性,解说完一个才能解说下一个,所以写作时需要注意景观之间要有清晰的段落层次划分(也可用小标题显示),必要时要有过渡性语句进行衔接,免得有突兀感。另外,对景观的介绍文字切忌平分笔墨,要重点突出。同时还应注意挖掘景观背后的深层文化内涵,使游览者既能有所收益,又得到审美启迪。

需要注意的是在分述部分中,常常涉及到一些具体的实物景观,一般要明确指明实物,说出其名称,必要时要联系许多人物、知识、掌故、传说,加上今天与原来遥远历史的距离感,一定会使导游词妙趣横生、韵味独特。

(六)结尾语

结尾语是导游员与游客真诚告别,对游览过程进行总结的话语。内容不固定,一般文字比较简洁。可以总结游览的景观,可以请游客留下宝贵意见,可以进行告别祝福,可以自然地介绍下一个参观景点等等。

三、导游词的写作要求

(一)强调知识性

一篇优秀的导游词必须有丰富的内容,融入各类知识并旁征博引、融会贯通、引人入胜。导游词的内容必须准确无误,令人信服。导游词不能只满足于一般性介绍,还要注重深层次的内容,如同类事物的鉴赏、有关诗词的点缀、名家的评论等。这样,会提高导游词的水准和档次。

(二)讲究口语化

导游语言是一种具有丰富表达力、生动形象的口头语言。这就是说,在导游词创作中要注意多用日常用语词汇和浅显易懂的书面语词汇,要避免难懂的书面语词汇和音节拗口的词汇。多用短句,以便讲起来顺口、听起来轻松。

强调导游词口语化,不意味着忽视语言的规范化。编写导游词必须注意语言的品位。

(三)突出趣味性

为了突出导游词的趣味性,必须注意以下六个方面的问题:

1. 编织故事情节。讲解一个景点,要不失时机地穿插趣味盎然的传说和民间故事,以激起游客的兴趣和好奇心理。但是,选用的传说故事必须是健康的,并与景观密切相连。

2. 语言生动形象,用词丰富多变。生动形象的语言能将游客导入意境,给他们留下深刻的印象。

3. 恰当地运用修辞方法。导游词中,恰当地运用比喻、比拟、夸张、象征等手法,可使静止的景观深化为生动鲜活的画面,揭示出事物的内在美,使游客沉浸陶醉。

4. 幽默风趣的韵味。幽默风趣是导游词艺术性的重要体现,可锦上添花,使其气氛轻松。

5. 情感亲切。导游词应是文明、友好和富有人情味的语言,应言之有情,让游客赏心悦目、倍感亲切温暖。

6. 随机应变,临场发挥。导游词创作成功与否,不仅反映了导游的知识是否渊博,也反映了导游的技能技巧。

（四）突出重点

每个景点都有代表性的景观,每个景观又都从不同角度反映出它的特色内容。导游词必须在照顾全面的情况下突出重点。面面俱到、没有重点的导游词是不成功的。

（五）强调针对性

导游词不是以一代百、千篇一律的,它必须是从实际出发,因人、因时而异的,要有的放矢,即根据不同的游客以及当时的情绪和周围的环境进行导游讲解之用。编写导游词一般应有假设对象,这样才能有针对性,切忌千篇一律。

（六）重视品位

创作导游词必须注意提高品位,一要强调思想品位,因为弘扬爱国主义精神是导游员义不容辞的职责;二要讲究文学品位,导游词的语言应该是规范的,文字是准确的,结构是严谨的,内容层次是符合逻辑的,这是对一篇导游词的基本要求。如果再在关键内容之外适当地引经据典,得体地运用些诗词名句和名人警句,就会使导游词的文学品位得到提升。

四、导游词的撰写技巧

导游词的创作质量,直接影响着游客对一个地区旅游资源的感知,对当地旅游形象的树立至关重要。导游人员收集资料并对旅游线路进行实地考察,其收获最终还是要落实到导游词的撰写上来。要写好一篇导游词,使人有身临其境之感,就要求导游人员对其讲解的景观既有全方位的了解,又善于取舍、精于提炼。

一篇好的文章应该具有"凤头、猪肚、豹尾",即开头应引人入胜,中间充实丰满,结尾铿锵有力。好的导游词也是一样,开篇要能吸引听众,中间应内容充实、层次分明、结构严谨,结尾应让人有意犹未尽的感觉。

（一）重在开头

俗话说,"万事开头难",写文章开头最难,说话、演讲开头难,做好导游工作也是开头最难。一次成功的导游讲解有个好的开头非常重要。所谓"重在开头"就是指导游员在刚接到旅游团队那一刻的讲解艺术处理方法很重要。

至于怎样开篇,没有一个固定的模式,但有一些方法可供参考。

1. 带有介绍性质的规范性开头方式

这是一种常用的开头方式,也叫开门见山式,特点是规范化和全面化,使游客通过介绍较快地了解情况,例如:

"各位游客大家好!首先请允许我代表××旅行社对各位的到来表示热烈的欢迎,并预祝各位高兴而来、满意而归。我先自我介绍一下,我姓×,名×××,为我们开车的是×师傅。接下来我把这儿的情况大概地介绍一下……"

这种介绍性质的开头方式,总体上说较为普遍,适用性强,什么团队都可以运用。但缺乏特色,往往不能在较短的时间内吸引游客。

2. 针对性较强的开头方式

针对旅游团队来自不同的地域、民族、职业、年龄等方面进行的开场白,也就是注重寻找该旅游团队的最大共性,采取针对性的开篇。例如:

"台湾著名诗人余光中先生有一首小诗:'小时候,乡愁是一枚小小的邮票,我在这头,母亲在那头;长大后,乡愁是一张窄窄的船票,我在这头,新娘在那头;后来啊,乡愁是一方矮矮的坟墓,我在外头,母亲在里头;而现在,乡愁是一湾浅浅的海峡,我在这头,大陆在那头。'这首诗的名字叫《乡愁》,我把它送给今天从海的那边远道而来的各位团友,欢迎各位回故乡来看看……"

这是一个针对台湾游客而设计的开篇,在最短的时间内使游客和导游员产生了心理共鸣。这种方式通过导游员事先充分的准备往往能收到很好的效果。还可以针对教师、医生、律师等不同职业,老人、儿童等不同年龄的共性撰写导游词。

3. 采用名人名言或诗词的抒情式的开头方式

这种方式主要以导游员深情的朗诵作为开头,创造出一种迎合游客慕名前来旅游,又特别想尽快欣赏到美的迫切心情。例如:

"国画大师李苦禅先生曾经说过:'在文化艺术的领域里,只会画画是小道,因为再高些的是书法,比书法高的是文学,至此仍非大道,因为再高一层就是哲理性的音乐,更高一层的就是中华的古典哲理老、庄、禅、佛,老、庄同印度佛学融合为中国的禅。'今天就让我们一起来领略这最高境界的禅……"

这是在讲解以"禅和武"著称的少林寺时采用的一种开篇方式。

采用抒情的开头方式,句子要求精美,最好采用为大家所熟悉的内容,同时注意在抒情式讲解中把握好语音、语调、语速和适当的表情。

4. 采用猜谜的开头方式

有许多导游一接到旅游团就试图有个良好的开端,导游讲解时采用猜谜式的开头是个好方法,能够使旅游团气氛活跃,拉近游客与导游员之间的距离。例如:

"各位游客,在开始游览之前,先请大家猜个谜,谁第一个猜中有奖(拿出一个旅游纪念品)。请听好,俗话说到北京看墙头(长城),到西安看坟头(兵马俑),到海南看浪头(天涯海角),那么来到河南看什么呢?光头!有人揭谜底(送奖品)。河南有中国第一座官办寺院——白马寺,有天下第一名刹——少林寺,还有大唐的皇家寺院——大相国寺,佛教在中国的传播、发展、壮大与河南有着极深的渊源……"

采用猜谜的开头方式必须注意以下几个方面:一是要看游客的情绪,如果团队气氛不佳或游客很累没有兴趣,请暂时不要用这种方式。二是猜谜的内容要紧紧扣住即将参观游览的旅游景点,导游员也可以利用当地的景点适当创造一些紧扣景区的谜语。三是谜底不要太难,如果没人能够猜出谜底,就会影响游客的热情。无论猜谜也好,送纪念品也罢,目的都是活跃团队的气氛,使旅游行程有个良好的开端。

5. 以讲故事为开头方式

一般地说,故事能吸引游客的注意力,能激发游客的情感,能使游客潜移默化地受到故事中人物的启发和激励。导游员利用讲故事作为开头,能增加游客的游兴,增强艺术效果。

例如,"各位游客,在游览白马寺之前我先给大家讲个小故事。相传在1900多年前的东汉永平七年,也就是公元 64 年,当时的皇帝刘庄有一天夜里做梦,梦见一个金人顶着明亮的光环在大殿上飞来飞去。第二天早上他问大臣们'梦者何神?'大臣傅毅回答道:'臣闻天竺有得道者,称之为佛,飞行空中,身有日光,殆将其神也。'于是汉明帝刘庄就派中郎将蔡惜、秦景等十余人到天竺求佛取经。他们历经无数艰险,到达大月氏(今阿富汗地区),学习语言文字、佛教经典,巧遇从天竺来的摄摩腾、竺法兰二位高僧,就邀请高僧到都城洛阳传教。他们用白马运载释迦牟尼像和《四十二章经》,历尽沿途艰辛,于永平十年也就是公元 67 年回到洛阳。汉明帝大喜,命人将二位高僧安排在专门招待四方来使的鸿胪寺下榻,并令画工将佛像画在他乘凉和读书的清凉台上。后来又派人以清凉台为基础,建起一座印度式塔庙,取名'白马寺'……"

故事的开头可以是景点的来历也可以是美丽的传说,但要和即将参观的景区有紧密联系,不能生搬硬套也不能牵强附会。

导游词的开篇还有很多种方法,许多导游在带团的实践中根据不同的情况对各种开头进行自由的组合,同时也在创造更适合这个团队的开篇讲解。然而种种开头方式都要和自我介绍等一系列的规范讲解相结合。一篇好的导游词的开头应该短小精悍、风趣有益、随机应变,这样才能使"开头"富有神采。

(二)妙在结尾

所谓"妙在结尾"是指导游员在送别游客时的艺术处理方法。要真正做好"凤头"、"豹尾"是件不容易的事,这是因为在整个游览过程中,游客是凭自己的亲身体验来评价导游员工作的,其中各种因素比较多也比较复杂。作为一名导游员来说,工作既要规范,又要到位。因此,导游员在结束游程前,有必要再作一次归纳和总结,以便在游客脑海中留下深刻而美好的印象,也可弥补游程中的不足。所以,要重视结尾工作。

1. 一般常用的结尾方法

导游员要与游客道别,结尾工作基本上是在旅游车厢内进行的,当然也有少数在宾馆、饭店内送行的。不管在何场合送客,导游员首先要做到三个"不可",即寒暄不可少、热情不可减、总结不可忘。在与游客寒暄几句后应马上切入总结工作的主题之中。总结工作要具体细化为五个方面的内容:(1)整个游程及游览景点的总结;(2)表示惜别之情;(3)向游客表达自己的感激之情;(4)虚心听取游客的意见;(5)期待重逢的愿望。

以上几方面的工作,时间要充分估计好,不要到了车站码头这些工作还没做完,因为一旦到达目的地游客们忙于整理自己的行李准备下车,就没有心思听导游员的讲解了。

2. 运用诚恳谦虚的方法作结尾

诚恳谦虚是中华民族的一种美德,也是导游员的一种美德,在全心全意为游客服务的最后一刻,向游客表示自己诚恳谦虚的态度,是导游员高层次、高素质的体现,也是具有较高职业道德的反映。

3. 运用祝愿与希望的方法作结尾

良好的祝愿与希望是所有游客都乐于接受的,把良好的祝愿与希望作为结束语,一则这是中华民族乃至全人类在分别时的传统习俗,二来导游员更能表达自己的心愿。另外,从实践的效果来看,良好的祝愿与希望更能交流感情、增进友谊,给游客留下一个美好的印象。

导游员要善于利用这一特殊的美好时刻,把导游员与游客建立的感情推向一个高潮。

总而言之,"豹尾"的方法还有许多,比如运用名言诗句、诚挚赞美的语言、幽默诙谐的语言做结束语等。但是,不论运用何种方法做"豹尾",都要因人因时因地制宜,切莫草草收场,也别言过其实。以上几种方法均可兼容交叉运用,只要把握住侧重点就可以了。

(三)关键在中间

所谓"中间",是指导游人员向游客介绍旅游景点基本情况时,而不是指整个旅游过程的中间。

介绍景点的概况比较复杂,没有一个统一的模式,目前基本上是靠自己的实践经验来讲解。景点介绍虽然没有统一固定的标准,但还是有一些规律可循,主要表现在以下几个方面:

1. 旅游点的概况就是这个景点的基本情况

如一位导游在介绍上海的概况时说:"上海,简称沪,俗称申。全市面积约6300平方公里,人口约有2500万。上海虽然没有雄伟秀丽的名山大川,也没有号称世界一流的名胜古迹,园林比不上苏州,寺庙比不上"五岳",古迹比不上北京、西安。但是,多少年来上海一直以她那独有的风韵以及都市文化、都市风光、都市商业等海派文化吸引着无数的中外游客。"

2. 旅游点的地理位置

例如,上海的导游员介绍说:"上海位于东经121°29′,北纬31°41′,东濒东海,西部与江苏省接壤,南临浙江省,北接长江。全市除有少数残丘外,均为坦荡低平的冲积平原,平均海拔4米左右,境内有我国第三大岛——崇明岛,还有横沙岛和长兴岛等。"

导游员在介绍旅游点的地理位置时,如能将本地的位置与游客的居住地作一比较,其效果会更好。

3. 旅游点的气候特征

例如,上海的导游员介绍说:"上海属北亚热带海洋性季风气候,一年四季变化分明,冬夏长,春秋短。每年冬天约有126天,夏天则有110天左右,春秋两季相加才130天。全年平均气温约15.7℃,年降雨量约1100毫米。冬无严寒,夏无酷暑,一年四季都可旅游,其中春秋两季是旅游最佳季节。"

4. 旅游点的历史沿革

在介绍旅游点的历史情况时,其内容必须真实可靠,来不得半点虚假,也不能对某些解释望文生义。否则,就会严重损害导游员的形象。

5. 旅游点的近况

所谓近况,一般是指最近的情况。随着我国改革开放的不断深入,各个方面都在发生着很大的变化,可以说是日新月异,如果导游员不能与时俱进,将变化了的情况加以修改总结,而是每次带团都按过去的那一套讲解,那么,就很容易落后于形势,令游客扫兴。这对导游员来说是很不成功的。

6. 旅游点的风土特产

导游员在介绍旅游景点土特产品时,一定要实事求是,最好将某一两样产品详细地、无一遗漏地介绍清楚,如能穿插一些美好的故事传说,则更能促使游客产生购买的欲望。

7. 美的总结

美的总结可从景区历史和现代的有价值的地方予以总结。如上海的导游员介绍说:"上海从元朝至元二十七年(1290 年)置县至今已有七百多年的历史了,这段历史在悠久的中华文明史上只不过是弹指一挥间。然而,在 1840 年以后的一个多世纪里,对上海这个海滨城市来说,其发展之快、变化之大,举世瞩目。近代上海成为中国的一个缩影。翻开上海的史卷,从中不难找出答案,优越的地理环境并不等于有迅速发展的轨道,这好比鸡蛋没有适当的温度孵不出小鸡一样,改革开放的春风使古老的上海焕发了青春。上海不仅是一座'迅速西化'的城市,而且是一座社会主义'香港城',上海人正以敢于第一个吃螃蟹的精神走向世界、奔向未来。"

作为导游词关键的中间部分,要做到丰富、精彩、灵活,还应该根据游客特点做到具有针对性。这就要求作为导游员,平时对知识应该"宽备窄用"。

【情景训练】

根据本节内容,完成导游词的撰写。

训练要求:

学生根据导游词撰写的结构要求,完成一篇至少 800 字的校园导游词的撰写,要求学生在导游词融入"任务一导游讲解方法",合理将至少 3 种讲解方法运用在导游词撰写中。

项目 **3**
导游人员的带团技能

> 【知识目标】通过对导游带团技能的学习,熟悉导游人员的带团特点和带团原则;了解树立导游人员良好形象对带团的重要性;熟悉旅游动机的分类,了解游客的心理特征,熟悉游客各阶段的心理活动特点;熟悉对特殊身份及社会地位的客人的特点和接待要求,掌握对残疾人、老年人、儿童及宗教人士的不同接待特点和接待要求。
>
> 【能力目标】学生学会在带团过程中认真观察、分析游客心理特点的能力;能够针对不同类型的特殊游客,采取有针对性的服务措施。

任务一 导游人员带团的特点和原则

一、导游人员带团的特点

(一)服务的主动性

旅行社属于第三产业,是以提供服务为主的行业,"导游人员作为旅行社中的工作人员,是旅游团队中的焦点人物,负有组织游客、联络协调、传播文化的职能,为了顺利完成各项旅游活动,导游人员应主动、热情、积极地为游客做好服务工作"。

(二)工作的流动性

旅游活动在不停地发生变化,决定了导游人员的工作环境也在发生变化。正如一位导游人员写道:"如果说旅游业也有厂房的话,那么遍布神州的名胜古迹、风光如画的旅游胜地,以及风格各异的酒楼宾馆,就是那大大小小的车间。如同工人眼里的机器、农民眼中的土地一样,这些是我每天工作的地方。"因此,导游人员的工作有很大的流动性。

(三)周期性强

导游人员接待一个旅游团时与游客接触的时间都不长,做全陪十几天,做地陪只有几天,不能"日久见人心",服务时间相对较短。因此,导游人员要迅速记住每位游客的姓名,尽早熟悉游客的特征,这样彼此间的距离就近了,工作才得以顺利进行。即使遇上个别爱挑剔的游客也只是相处几天而已。

二、导游人员带团的原则

(一)游客至上的原则

在带团过程中,导游人员要有强烈的责任感和使命感,在任何情况下都要严格遵守职业道德和行为规范要求,处处为游客着想,将游客的利益放在第一位。

(二)履行合同的原则

导游人员带团要以旅游合同为基础,是否按旅游合同上的内容为游客提供服务是评估导游人员是否履行职责的基本尺度。这一标准涉及两个方面,一是企业内部制定的相关成本、责任等方面的约束;二是旅游合同规定的相关服务内容与等级标准。导游人员事事要设身处地为游客考虑,也要为旅行社着想,力争使游客在合同约定的范围内获得优质的服务,使旅行社获得应得的利益。

(三)等距离交往原则

尊重对方是人际交往中的一项基本准则。无论游客来自国外还是国内、发达国家还是发展中国家,无论游客的肤色、宗教信仰、消费能力如何,导游人员都应一视同仁地尊重他们,不可亲疏有别。在与游客的接触中,导游人员不应对个别游客表现出偏爱,否则会导致其他游客的不满。导游人员应采取的态度是与每位游客保持等距离接触,对每位游客都要热情、友好、礼貌。

(四)合理而可能原则

游客在进行旅游消费时多具有求全心理,往往理想化,常会提出种种要求、意见和建议,这时,导游员必须认真倾听,冷静、仔细分析,看是否合理,是否可能实现,不能置之不理,更不能断然拒绝,严厉驳斥。凡是合理的有可能实现的,既对游客有益且是正当的,导游员就应该努力去做,如果没有做好就应改正,及时弥补。对不合理或不可能实现的要求和意见,导游员要耐心解释,解释时要实事求是、通情达理,使游客心悦诚服。

任务二　树立导游人员良好的形象

树立良好形象是指导游人员要在游客心目中确定可信赖、可以帮助他们和有能力带领他们安全、顺利地在旅游目的地进行旅游活动的形象。导游人员在游客心目中树立良好的导游形象,主要还是依靠自己的主观努力和实际行动。

一、重视"第一印象"

在人际交往中,第一个印象是至关重要的。如果一个人在初次见面时给人留下了良好的印象,就会影响人们对他以后一系列行为的评判和解释,反之也是一样。

迎接旅游团是导游与游客接触的开始,导游人员在接团时留给游客的首次印象,对游客心理有重大影响,它往往会左右游客在以后的旅游活动中的判断和认识。游客每到一地,总是怀着一种新奇和忐忑不安的心情,用审视甚至近于挑剔的目光打量前来接团的导游。因此,导游人员从第一次接触游客起就必须注意树立良好的形象,既要注意外表的形象,又要注意态度对游客心理的影响,而且还要通过周密的工作安排、良好的工作效率给游客留下良好的第一印象。从接站地点到下榻饭店的交通工具、行李运送和沿途讲解,导游都要做好妥善的安排,迅速地满足游客的要求。导游人员在接团前如能记住游客的姓名和特征,迎客时能叫出他们的名字,游客会迅速消除初到异地的孤独感和茫然感,增强安全感和信任感。这是导游服务成功的良好开端,也为以后导游人员与游客和睦相处奠定了一定的感情基础。

二、维护良好的形象

良好的第一印象只是体现在导游人员接团这一环节,而维护形象则贯穿在导游服务的全过程之中,因此,维护形象比树立形象往往更艰巨、更重要。有些导游人员只注意接团时的形象,而忽视在服务工作中保持和维护良好的形象,与游客接触的时间稍长一些就放松了对自己的要求,譬如不修边幅、说话不注意、承诺不兑现、经常迟到等,这样会使导游在游客中的威信逐渐降低。导游人员必须明白良好的第一印象不能"一劳永逸",需要在以后的服务工作中注意维护和保持,因为形象塑造是一个长期的、动态的过程,贯穿于导游服务的全过程之中。导游人员在游客面前要始终表现出豁达自信、坦诚乐观、沉着果断、办事利落、知识渊博、技能娴熟等特质,用使游客满意的行为来加深、巩固良好的形象。

三、留下美好的最终印象

心理学中有一种"近因效应",它是指在人际知觉中,最后给人留下的印象对人有强烈的影响。美国一些旅游专家有这样的共识:旅游业最关心的是其最终的产品——游客的美好回忆。导游人员留给游客的最终印象也是非常重要的,若导游人员留给游客的最终印象不好,就可能导致前功尽弃。一个游程下来,尽管导游人员已感到很疲惫,但从外表上依然要保持精神饱满而且热情不减,这一点常令游客对整个游程抱肯定和欣赏的态度。同时导游人员要针对游客此时开始想家的心理特点,提供周到的服务,不厌其烦地帮助他们,如选购商品、捆扎行李等。致欢送词时,要对服务中的不尽如人意之处诚恳道歉,广泛征求意见和建议,代表旅行社祝他们一路平安,真诚地请他们代为问候亲人。导游人员此时以诚相待是博取游客好感的最佳策略。游客回到家乡后,通过现身说法还可起到良好的宣传作用。

四、提供个性化服务

个性化服务是导游人员在做好旅行社接待计划要求的各项服务或规范化服务的同时,针对游客个别要求而提供的服务。做好个性化服务要求导游人员想游客之所想,急游客之所急,满足游客之所需。个性化服务虽然不是全团的共同要求,不涉及全团的利益,而只是针对个别游客的个别需求,有时甚至是游客旅途中的一些生活小事,但是做好这类小事对游客满意度往往会起到事半功倍的效果,对全团的影响会大大超过小事本身,使游客目睹导游人员求真务实的作风和为游客分忧解难的精神,从而对导游人员产生由衷的信任。

五、多同游客进行沟通

同游客进行沟通,包括意见沟通和情感沟通两方面。意见沟通是指导游人员在导游服务过程中与游客产生意见分歧时,导游人员应及时排除分歧,以求得与游客的意见趋于一致。为此,导游人员要把自己的意图明确表达出来,让游客了解自己,同时要设法让游客说出自己的真实想法,以达到相互了解,在此基础上求得意见的一致。

任务三 提升与游客交往的技能

一、提供超常服务,与游客建立起伙伴关系

所谓超常服务,一般是指有人情味的服务,也就是导游员心想着游客,满足他们的特殊需求,使游客产生自豪感,获得满足。一名好的导游员善于了解游客的心情和困难、要求和期望,然后根据可能的条件,主动提供服务,尽力满足游客的合理要求,解决游客的困难,以超常的服务换取游客的满意。如在游览过程中,帮助游客买到他想要的纪念品、土特产,记住游客的姓名,为游客过生日等。

导游员与游客之间建立伙伴关系是指正常的情感关系,并非一味讨好游客的低级趣味,而应是合乎职业道德的、正常明智的。导游员通过诚恳的态度、热情周到的服务以及让游客获得自我成就感的作法,都有助于与游客之间建立起良好的伙伴关系,让整个旅游活动更富人情味。

二、了解游客的心理

(一)从人口统计因素的角度了解不同游客的心理特征

人口统计因素包括游客的年龄、性别、职业、收入、受教育程度、家庭人口、国籍、民族、宗教、社会阶层等。

1. 区域和国籍

首先,东、西方人在性格和思维上有一些差异。东方人含蓄、内向,往往委婉地表达意愿,思维方式一般从抽象到具体、从大到小、从远到近;西方人开放、感情外露,思维方式一般由小到大、由近及远、由具体到抽象。了解了这种思维方式的差异,在接待西方游客时,导游人员就应特别注重细节。如西方游客认为,只有各种具体的细节做得好,由各种细节组成的整体才会好,他们把导游人员所做的具体事情抽象为导游人员的工作能力与服务意识。

再从国籍的角度看,同是西方人,在思维方式上也存在着一些差别。如英国人矜持,尊重妇女,有绅士派头;美国人开朗,重实利,爱结交朋友,但随随便便;法国人喜自由;德国人踏实,勤奋;意大利人热情,热爱生活。

2. 所属社会阶层

来自上层社会的游客大多严谨持重,发表意见时往往经过深思熟虑,他们期待听到高品

位的导游讲解,以获得高雅的精神享受;一般游客则喜欢不拘形式的交谈,话题广泛,比较关心带有普遍性的社会问题及当前的热门话题。在参观游览时,一般游客希望听到有故事性的导游讲解,希望轻轻松松地旅游度假。

3. 年龄和性别

年老的游客好思古怀旧,希望得到尊重,希望导游人员多与他们交谈;年轻的游客则喜欢多动多看;女性游客则喜欢谈论商品及购物。

(二)通过分析旅游活动各阶段游客的心理变化了解游客

一个人到异国他乡旅游,摆脱了日常紧张的生活、烦琐的事务,成为无拘无束的游客,希望自由自在地享受欢乐的旅游生活。由于生活环境和生活节奏的变化,在旅游的不同阶段,游客的心理活动也会随之发生变化。

1. 初期阶段:求安全、求新心理

游客初到一地,兴奋激动,但人生地不熟、语言不通、环境不同,因而产生孤独感、茫然感、惶恐感和不安全感,存在拘谨心理、戒备心理以及怕被人笑话的心理。总之,这一阶段的游客心中总有一种不安心理,唯恐发生不测,有损自尊心,危及财产甚至生命。这个阶段,游客求安全的心态表现得非常突出,甚至上升为他们的主要需求。因此,消除游客的这些感觉成为导游人员的重要任务。

人们外出旅游,他们的注意力和兴趣从日常生活转移到旅游目的地,到处寻找刺激,以满足其追新、求异、猎奇、增长知识的心理需求,这在该阶段表现得尤为突出,往往与不安全感并存。所以在消除游客不安全心理的同时,导游人员要合理安排活动,满足他们的求新、求奇心理。

2. 个性表露阶段:懒散、求全心理

随着时间的推移,旅游活动的进展,接触的增多,旅游团成员间、游客与导游之间越来越熟悉,游客开始感到轻松愉快,会产生一种平缓、轻松的心态。但是,正由于这种心态的左右,游客往往忘了控制自己,思考能力也不知不觉地减退,常常自行其是,个性解放,性格暴露,还会出现一些反常言行及放肆、傲慢、无理的行为。在这个阶段,游客的心理特征主要表现为:

(1)懒散心态。游客的弱点越来越暴露,时间概念更差,群体观念更弱,游览活动中自由散漫,到处丢三落四,旅游团内部的矛盾逐渐显现。

(2)求全心理。人们花钱外出旅游,往往会把旅游活动理想化,希望在异国他乡能享受到在家中不可能得到的服务,希望旅游活动的一切都是美好的、理想的,从而产生生活上、心理上的过高要求,对旅游服务横加挑剔,要求一旦得不到满足,就有可能产生强烈的反应,甚至会出现过激的言行。

导游人员在旅游活动的这一阶段的工作最为艰巨,最容易出差错。因此,导游人员的精力必须高度集中,对任何事不得掉以轻心。这个阶段最能考验导游人员的组织能力和独立处理问题的能力,也是对他的导游技能、心理素质的一次重要考验,每个导游人员都应十分重视这个阶段的工作。

3. 旅行结束阶段:忙于个人事务

旅游活动后期,即将返程时,游客的心情波动较大,开始忙乱起来,要与家庭及亲友联系,要购买称心如意的纪念品但又怕行李超重等。总之,他们更希望有更多的时间处理个人事务。

在这一阶段,导游人员应根据游客的这种心态给他们留出充分的时间处理自己的事情,对他们的各种疑虑要尽可能耐心地解答,必要时做一些弥补和补救工作,使前一段时间未得到满足的个别要求得到满足,设法让对旅游活动不满、肚中憋气的个别游客有机会发泄不满和怨气,尽力挽回消极影响。

任务四　特殊游客的接待

一、对儿童的接待

出于增长见识、健身益智的目的,越来越多的游客喜欢携带自己的子女一同到目的地旅游,其中不乏一些少年儿童。儿童的天真、单纯、好奇,对许多事物都感到新鲜有趣。导游人员应在做好旅游团中成年游客旅游工作的同时,根据儿童的生理和心理特点,做好专门的接待工作。

(一)注意安全

儿童具有活泼好动的特点,没有足够的安全意识和自我约束能力,对于儿童,导游人员应特别注意其安全问题,尤其是人身安全,防止丢失。在游览过程中,遇到地面不平、危险地段,要提示并协助家长关注儿童安全;在旅游车上,要提醒儿童不要把头、手伸出窗外;行走途中,要多次清点人数,防止儿童走失;讲解时,针对儿童的特点,选择一些有趣的童话故事来吸引他们,使他们精力集中,不至于到处乱跑。

(二)儿童接待"四不宜"

地陪不宜因喜爱儿童而忽略对成年游客的接待;不宜给儿童买零食、玩具;不宜单独把别人的孩子带走,即使家长同意也不行;儿童生病,应建议家长及时请医生诊治,而不宜建议其给孩子服药,更不能提供药品给儿童服用。

(三)对儿童多给予关照

导游人员对儿童的饮食起居要特别关心,多给一些关照。如天气变化时,要及时提醒家长给孩子增减衣服,如果天气干燥,还要提醒家长多给孩子喝水等;用餐前,考虑到儿童的个子小,且外国儿童不会使用中餐用具,地陪应先给餐厅打电话,请餐厅准备好儿童用椅和刀、叉、勺等一些儿童必备用具,以减少用餐时的不便。

(四)注意儿童的接待价格标准

对儿童的接待收费有一定的标准,订机票、车船票,安排房间和用餐时都要注意这一点。

二、对老年人的接待

我国自古以来就有尊重老人的优良传统和美德。因此,导游员在接待老年人的时候,要以谦恭尊敬的态度、体贴入微的关怀和不辞辛苦的服务来做好服务工作。具体来说应做到以下几点:

(一)耐心解答

一般来说,老年人阅历深、经验多、见识广,怀旧心理强烈,遇到事情都爱与自己过去的经历做比较,对问题爱刨根问底,加之年纪大,记忆力差,一个问题可能重复问好几遍。遇到这种情况,导游人员应有耐心,要不厌其烦地给予解答。

(二)合理安排

1. 交通工具方面。安排旅游车辆尽量做到宽松、舒适;乘坐火车时,尽量安排中下铺位;乘坐飞机时,导游人员须协助老人办理行李托运手续。
2. 游览活动安排方面。根据老年人的生理特点和身体状况,导游在活动的安排上不宜过多过紧,避免安排体力消耗大的活动,一般以少而精、抓典型、细看慢讲为宜。多组织老人感兴趣的项目,多讲老年人感兴趣的话题。
3. 餐饮方面。要注意照顾他们的习惯和生理特点,以清淡软烂为主,咸淡适中,同时注意营养结构合理,建议餐厅搭配合理,保证一日三餐营养均衡。
4. 住宿安排方面。老年人对房间的豪华程度不太在意,但需要确保房间的安静、清洁和安全。

(三)多做提醒工作

1. 在旅游过程中,导游人员要关注每天的气象预报,天气变化要提醒老人增减衣物,备好常用药品。
2. 进入旅游景区之前,导游人员要反复提醒老人集合地点、集合时间和景区游览路线,以防老人走丢后无法找到大部队。

(四)掌握必备的医疗知识

导游人员在带团过程中,需要针对老年人的身体状况和病理特点掌握一定的医学知识和护理知识,如包扎伤口、心脏复苏、呼吸道梗死急救法等,善于察言观色,及早发现团中老年人可能出现的重大病情,防患于未然。

三、对残疾人的接待

作为残疾人游客,明知自己生理上有缺陷,但不畏困难,长途跋涉参加旅游活动,导游人员接待这类游客,最重要的是要有满腔热忱。在接待服务的各个方面,一定要细心周到,在安排活动时,要考虑这类游客的身体条件和特殊需要,尽可能为他们提供方便,尽量满足他们的合理要求。如接待肢体残疾的游客,要注意放慢游览速度;接待聋哑人,应会哑语,善于揣摩聋哑人心理;接待盲人,应当用更加生动的讲解为盲人带来对景区的听觉感受。

一般来说,接待残疾游客的导游服务以旅行服务、生活服务为主,景区讲解为辅;因此,导游员在为残疾人服务时要比其他游客的导游工作难度大,导游人员要多做勤做工作,表现出"客人至上,服务至上"的高尚品质,既要服务周到,又不能损害他们敏感的自尊心。

四、接待宗教游客

宗教游客相对于一般游客具有目的明确、要求严格、禁忌较多,与人为善、待人宽容等特征,因此,导游人员为宗教游客服务时就要掌握较多的宗教知识,熟知宗教礼仪和我国的宗教政策,具有较强的应变能力。针对宗教游客的特点,在进行导游服务时要注意以下几个方面。

(一)了解宗教政策

在带团前,导游人员要认真学习和了解我国的宗教政策,掌握有关的基本情况。

(二)准备好相关的宗教知识

认真分析接待计划、了解服务对象的宗教信仰及其职位,对其宗教的教义、教规等情况要有所了解和准备,以免在接待过程中发生差错。

(三)提早落实有关活动日程

在具体接待中,对这类人士的参观游览、社交活动以及生活方面的特殊要求应早做准备,认真落实,避免不必要的误会。

如参加法事活动导游人员要事先了解是参加何种法事,具体的时间、地点和要求有哪些,所需费用多少等等;如参加慈善捐赠活动,导游人员要与邀请单位或接受馈赠单位事先联系,了解其捐赠目的和受赠条件,积极促成团队捐赠意愿的实现。

(四)多向大师父或当家和尚征求当日活动安排

在安排当日活动时要多向大师父或当家和尚征求意见,每日活动原则上以信众每日诵课为主,导游人员讲解为辅;讲解涉及宗教内容时,应多加前缀"这儿的信众认为……"或"本地的民风是这样认为的……",使宗教游客乐于接受。

(五)尊重游客的宗教习俗

在接待过程中,要特别注意其宗教习惯和戒律,并提前向有关接待人员、饭店服务员等交代清楚,处处注意尊重客人的宗教信仰。

如有些信仰天主教的人士在每天清晨开车前,会在车上讲经、做祈祷,这时导游人员和司机要主动下车,等宗教游客祈祷完毕,再上车开始一天的游览活动。如门童为佛教人士开车门,导游人员需要提醒门童注意不要用手为其遮挡住头部,因为佛教认为人的头顶是有佛光的。

一般宗教游客在生活上有特殊的要求和禁忌,如饮食方面的禁忌和要求,一定要事前和酒店、餐厅联系好;有些伊斯兰教信徒用餐时还要到有穆斯林标志的餐厅用餐,一定要认真落实,以免造成不快。

（六）避免宣传"无神论"

不要向宗教游客宣传"无神论"，以免产生不必要的误会；避免谈及有关宗教问题的争论，更不能把宗教、政治、国家之间的问题混为一谈，随意发表评论。

五、接待政务型游客

政务型旅游团队包括中外政府组织、政治团队组成的旅游观光、考察团队。政务型旅游团队的特点是团员社会身份地位较高、专业考察性质较强，多由当地政府部门和旅行社共同配合接待。

政务型旅游团队往往选择综合能力较强的旅行社和优秀导游人员为团队服务。因而在接待过程中，需要特别重视，接待准备和接待服务也要有别于普通团队，需要在行前与对方密切联系，了解对方的要求并且制定完整的接待预案。

（一）重视礼节礼貌，认可团员的社会身份

在称谓上始终使用尊称，即"各位领导"、"各位贵宾"；如果知道某位领导的具体职位也可直接以职称相称，如"张市长"、"王局长"。讲解的内容应该以介绍景点的背景资料为主，注意突出具体数据（数据要准确）和本地特色，不要妄自尊大，也不要信口开河，也不能将平时听到的无考证的野史作为导游讲解的内容，注意讲解的严肃性。对于客人感兴趣的内容可以多讲，其他少讲或者不讲。

（二）注意自己的身份

如果团队中有地方官员陪同，安排行程时要多与他们商量，或请他们代为征求客人的意见。当地方领导与贵宾交谈时，导游人员可以暂时中断自己的讲解以示尊敬。导游人员还要注意不要在导游车上与驾驶员闲谈。

（三）突出团队的主要领导

导游服务要突出团队中的主要领导，多听取其意见，适当照顾其他团员；讲解时也以主要领导为主，时刻伴随其左右并引领路线。当有合影时，在没有得到领导明确邀请的情况下，导游人员一般不参加合影，即使受到邀请，也应该主动后退，位居末位或站到后排，让团队成员突出出来。

模块四　导游应变能力模块

项目 **1**
游客个别要求的处理

【知识目标】

掌握游客生活方面特殊要求的处理技巧；

掌握游客要求自由活动的处理方法；

掌握游客要求"中途退团"延长旅游期的处理方法；

熟悉游客要求传递物品、信件的处理步骤；

熟悉熟悉探视亲友的一般处理方法。

【能力目标】学生学会针对游客在不同情况下提出的个别要求，能够采取灵活的应对和处理方法。

任务一　游客生活方面个别要求的处理

一、餐饮方面个别要求的处理

（一）特殊的饮食要求

由于宗教信仰、生活习惯、身体状况等原因，有些游客会提出饮食方面的特殊要求，如不吃荤腥，不吃油腻、辛辣的食品，不吃猪肉、牛肉或其他肉食鱼类，甚至不吃盐、糖、味精等。对游客提出的特殊要求，导游人员要认真分析、区别对待。

1. 若游客所提要求在旅游协议书中有明文规定的，接待方旅行社须早作安排，地陪在接团前应检查落实情况，不折不扣地兑现。

2. 若旅游团抵达后游客才提出，需视情况而定。一般情况下，地陪应该与餐厅联系，在可能的情况下尽量满足；如确有困难，地陪可向游客说明情况，协助其自行解决。

（二）要求换餐

地接社通常在团队抵达当地前已经按接待计划预订好团餐！但旅游团到达后，个别旅游者提出换餐，如将中餐换成西餐、团队标准餐换成风味餐等。

1. 如游客在用餐前提出换餐要求，在经导游人员与餐厅确认换餐未造成餐厅损失的情况下，导游人员应尽量与餐厅联系，按有关规定办理退餐或换餐。

2. 如果在已接近用餐时间才临时提出换餐，而餐厅已经备料或已经准备就绪，一般不接受换餐要求,但导游人员要做好解释工作;如果游客坚持要求换餐,可以建议游客自己点菜,费用自理。

(三)要求单独用餐

由于旅游团的内部矛盾或其他原因,个别游客要求单独用餐,此时导游人员要耐心解释,并告诉领队请其调解;如游客坚持要求单独用餐,导游人员可协助其与餐厅联系,但餐费自理,并告知综合服务费不退。

(四)要求提供客房内用餐服务

若游客生病或者其他原因,导游人员或饭店服务员应主动将饭菜端进游客的房间以示关怀。若是健康的游客希望在客房用餐,如果餐厅能提供此项服务,可满足其要求,但须告知服务费自理。

(五)要求自费品尝风味

旅游团要求外出自费品尝风味,导游人员应予以协助,一般有两种方法:

1. 请旅行社预订。地陪将游客的要求告诉旅行社的有关人员,请其报价(包括风味餐费、车费和服务费等),然后向游客说清楚所需费用,如游客接受,请旅行社订餐,地陪按约定时间带游客前往风味餐厅。

2. 导游人员帮助游客与有关餐厅联系订餐。风味餐订妥后地陪应告知游客,旅游团应在约定时间内前往就餐,如果旅游团因为某些原因不去用餐,则须赔偿餐厅的损失。

(六)要求推迟晚餐时间

游客因其生活习惯或其他原因要求推迟晚餐时间,导游人员可与餐厅联系,视餐厅的具体情况处理。一般情况下,导游人员要与旅游团进行协商,说明餐厅有固定的用餐时间,建议用餐时间不宜太晚,过时用餐需另付服务费。

(七)要求增加菜肴、饮料的处理

游客在用餐时要求增加菜肴和饮料,地陪应该满足其要求,但要告知费用自理。

【情景训练】

某旅游团一行 17 人的团队去西安旅游,在如家快捷酒店用的是团队包餐,由于在游览中游客之间发生了摩擦,刚刚吵过架,其中有一位带孩子的游客林某提出不与团队一起用餐,要求自己单独用餐。

训练要求:

一位学生扮演导游,一位学生扮演游客林某,模拟导游面对游客林某提出的单独用餐的要求该如何处理?

二、住房方面个别要求的处理

（一）要求调换酒店的处理

团体游客到一地旅游时享受什么星级的住房往往在旅游协议书中有明确规定，甚至在什么城市下榻于哪家饭店都写得清清楚楚。所以，接待旅行社向旅游团提供的客房低于标准，即使用同星级的饭店替代协议中标明的饭店游客都会提出异议。

如果接待社未按协议安排饭店或协议中的饭店确实存在卫生、安全等问题而导致游客提出调换饭店的要求，地陪应立即与接待社联系，接待社应负责予以调换。若确有困难，则须向游客说明原因，按照接待社提出的具体办法妥善解决，并向游客提出补偿条件。

（二）要求调换房间

根据游客提出调换房间的不同原因，地陪有不同的处理方法：

1. 若房间不干净，如有蟑螂、臭虫、老鼠等，游客提出换房要求应立即满足，必要时应调换饭店。

2. 若是由于客房设施尤其是房间卫生达不到清洁标准，地陪应要求客房工作人员立即打扫、消毒；如游客仍不满意，坚持调房的，应与饭店有关部门联系予以满足。

3. 若游客对房间的朝向、层数不满意而提出调换房间的要求，地陪一般应请领队或全陪在内部调整；也可与饭店前台联系，若不涉及房间价格并且有空房，应酌情予以满足。确有困难的，应耐心向客人解释，并向客人致歉。

（三）要求更高标准的客房

游客要求住高于合同规定标准的房间，导游人员可以帮助其直接与饭店方面联系。如确有空房，可予以满足，但应事先讲明，房费差价游客需要自理。事后导游人员要把情况汇报给旅行社。如果饭店没有空房间，导游人员要向其解释清楚并请其谅解。

（四）要求住单间

一般说来，游客在饭店都住标准间，也就是双人间。由于游客因闹矛盾或生活习惯不同而要求住单间，导游人员应请领队调解或在内部调整，若调解调配不成，且饭店有空房，可满足其要求，但导游人员须事先说明，房费由游客自理（一般是谁先提出住单间谁付房费）。

（五）要求购买房中摆设

如果游客看上了客房内的某一摆设，要求购置，导游人员可协助其与饭店有关部门联系，满足游客要求。

（六）要求延长住店时间

如果游客因为某种原因（生病、访友、改变旅游行程等）要求延长住店时间，同时又不影响旅游团的行程安排，导游人员应该协助其与饭店方面联系，若有空房，尽量满足其要求；若饭店没有空房，导游人员应协助联系其他饭店，但延长期的房费由游客自理。

【情景训练】

一个老年团赴深圳旅游,原合同上写的是安排三星级酒店住宿,游客在进入地陪安排的住处后发现房间设备既简陋又破旧,浴室很小,淋浴喷头紧挨洗面盆,中间又无浴帘分隔。游客对此意见很大,其中有一对老年夫妇见后拒绝进房。

训练要求:

一位学生扮演导游,两位学生扮演老年夫妇,模拟导游面对游客老年夫妇提出的住宿条件与合同不符的情况该如何处理?

三、文娱方面个别要求的处理

文娱活动是晚间活动的重要内容,有协议书规定的,也有游客要求自费观赏的文娱演出。在我国,为外国游客提供的文娱活动有京剧、古代音乐舞蹈、杂技、民族歌舞等,也有饭店的服务人员和周围群众自己组织的文娱晚会。这些活动不仅充实了游客的夜生活,也会给他们留下深刻的印象,帮助他们进一步了解中国的传统文化。对于文娱活动,游客各有爱好,不应强求统一。游客提出种种要求,导游人员应本着"合理而可能"的原则,视具体情况妥善处理。

(一)要求调换计划内的文娱活动

计划内的文娱活动一般在协议书中有明确规定,地陪应该按时带领游客到指定的娱乐场所观看。如北京观看京剧表演,上海观看杂技演出,西安观看唐宫乐舞,杭州观看宋城千古情演出等。地陪应预先了解剧情,向游客简单介绍节目内容和特点,引导游客入座。提醒游客不要走散,并注意游客动向和周围环境,以防不测。在演出结束的回程途中,地陪要向游客作剧情回顾,解答游客的提问。

1. 旅行社已安排观赏文娱演出后,若全团游客提出要求观看另一演出,且时间许可,又有可能调换,可请旅行社出面调换。如无法安排,导游人员要做耐心解释,并明确告知票已订好,不能退换,请游客谅解。游客若坚持要求观看别的演出,导游人员可协助买票,但费用自理,并请游客留下书面证明材料。

2. 部分游客要求观看别的演出,处理方法同上。若部分游客前往地点与旅游团前往地点在同一线路,导游人员要与司机商量,尽量为少数游客提供方便,送他们到目的地;若不同路,导游人员则应为他们安排车辆,但事先说明车费由他们自理。

(二)要求自费观看计划外的娱乐活动

游客提出自费观看文娱演出或参加某种娱乐活动,导游人员一般应予以协助,主要有以下两种方法:

1. 与接待社有关部门联系,请其报价。将接待社的对外报价(其中包括节目票费、车费、服务费)报给游客,并逐一解释清楚。若游客认可,请接待社预订,地陪同时要陪同前往;

2. 协助解决。地陪也可帮助游客联系购买节目票,请游客自行乘坐出租前往,应事先说明一切费用由游客自理。应提醒游客带好饭店卡片地址,如果游客要求去大型娱乐场所或情况复杂的场所,地陪须提醒游客注意安全,必要时应陪同前往。

（三）要求前往不健康的娱乐场所

游客要求去不健康的娱乐场所和过不正常的夜生活，导游人员应断然拒绝并介绍中国的传统观念和道德风貌，严肃指出不健康的娱乐活动和不正常的夜生活在中国是禁止的，是违法行为。

四、购物方面个别要求的处理

在购物方面，游客往往会提出各种各样的特殊要求，导游人员要不怕麻烦地设法予以满足。

（一）要求单独外出购物

游客要求单独外出购物，导游人员要予以协助，当好购物参谋，例如建议他去哪家商场购物或提供多家商场并介绍其各自的特色，为游客安排出租车并写中文便条（条上写明商店名称、地址和饭店名称）让其带上，提醒游客不要太晚回来，注意安全。但在旅游团离开本地的当天，要劝阻游客单独外出购物。

（二）要求退换商品

游客购物后发现是残次品、计价有误或对物品不满意，要求导游人员帮其退换，导游人员应积极协助，必要时应陪同前往。

（四）要求购买古玩或仿古艺术品

游客希望购买古玩或仿古艺术品，导游人员应带其到文物商店购买，买妥物品后要提醒他保存发票，不要将物品上的火漆印（如有的话）去掉，以便海关查验；游客要在地摊上选购古玩，导游人员应劝阻，并告知中国的有关规定；若发现个别游客有走私文物的可疑行为，导游人员须及时报告有关部门。

（五）要求购买中药材

游客想购买中药材，导游人员应告知中国海关的有关规定。

（六）要求代为托运

游客购买大件物品后，要求导游人员帮忙托运，导游人员可告知外汇商店一般经营托运业务；若商店无托运业务，导游人员要协助游客办理托运手续。

游客欲购某一商品，但当时无货，请导游人员代为购买并托运，对游客的这类要求，导游人员一般应婉拒；实在推托不掉时，导游人员要请示领导，一旦接受了游客的委托，导游人员应在领导指示下认真办理委托事宜：收取足够的钱款（余额在事后由旅行社退还委托者），发票、托运单及托运费收据寄给委托人，旅行社保存影印件，以备查验。

【情景训练】

领队赵某带领一个22人的旅游团赴泰国、马来西亚和新加坡旅游。一天，该团按照计划到新加坡某珠宝店购物,地陪非常热情,向游客们介绍各种珠宝。马女士相中了其中一款红宝石,所标价格约合人民币 3000 多元。在地陪的劝导下,她非常高兴地买了两颗。可是,回到北京后,经专家鉴定,这两颗红宝石并非纯天然宝石,而是人工合成宝石,她心里非常郁闷。遂找到领队赵某,要求帮助其退货。

根据描述的事例,训练当游客在购物方面有个别要求时的处理技能。

训练要求:

一位学生扮演领队赵某,一位学生扮演游客马女士,模拟赵某面对游客马女士购买假珠宝后采取处理办法的情景。

任务二　游客要求自由活动的处理

参加团队旅游的游客,大部分时间是集体活动,有时候个别游客需要自由活动或单独活动的空间,这符合旅游者的心理需求。而给予游客适量的自由活动时间,也可以缓解集体活动带来的紧张,使游客做到有张有弛。导游人员应充分理解这种要求,根据不同情况,按照"合理而可能"的原则妥善处理,并认真回答游客咨询,提出合理建议,提醒注意事项,尽量满足游客的要求。

一、允许游客自由活动的情况

(一)要求全天或某景点不随团活动

旅游团中有的游客已多次游览过某一景点,或者是因个人兴趣、爱好、旅游目的或其他原因,希望在游览该景点时自己能自由活动,因而希望不随团活动。如果其要求不影响整个旅游活动,可以满足并提供必要的协助。

1. 提前向游客说明,自由活动期间各项费用均不退,自由活动所需费用由游客自理。
2. 告知游客用餐的时间和地点,以便游客归团时可以便利用餐。
3. 提醒其自由活动时注意安全,保护好自己的财物。
4. 提醒游客带上饭店的卡片(卡片上有中英文饭店名称、地址、电话)。
5. 用中英文写张便条,注明客人要去的地点名称及简短对话,以备不时之需。
6. 将自己的手机号告诉游客,以备必要时联系之用。

(二)到达游览景点后要求自由活动

在某景点游览时,个别游客不愿按常规线路游览而自行游览、摄影时,地陪应视具体情况进行处理:

1. 若此时景点游人不太多、秩序不乱,可以满足游客自由活动的要求。
2. 如果景点内线路复杂、游人较多、较乱,导游人员应该劝其随团活动,以免走失。
3. 提醒游客注意安全,看管好自己的财物。
4. 地陪要提醒其集合的时间、地点、旅游车的车号、用餐地点及饭店名称,必要时写一字条,写清集合时间、地点和车号以及饭店名称和电话号码,以备不时之需。

（三）晚间要求单独自由活动

1. 游客离开酒店时,地陪有必要提醒他们带上饭店名片。

2. 提醒游客不要走得太远,不要携带贵重物品、不要去秩序乱的场所、不要太晚回饭店等安全注意事项。

3. 若有需要,地陪还应协助游客安排车辆,车费由游客自理。

二、需劝阻游客自由活动的几种情况

1. 旅游团计划去另一地游览,或旅游团即将离开本地时,若有人要求留在本地活动,由于牵涉面太大,为不影响旅游团活动计划的顺利进行,导游人员要劝其随团活动。

2. 如地方治安不理想,导游人员要劝阻游客外出活动,更不要单独活动,但必须实事求是地说明情况。

3. 要劝阻游客去复杂、混乱的地方自由活动,不宜让游客单独骑自行车去人生地不熟、车水马龙的街头游玩。

4. 游河(湖)时,游客提出希望划小船或在非游泳区游泳的要求时,导游人员不能答应,不能置旅游团于不顾而陪少数人去划船、游泳。

5. 游客要求去不对外开放的地区、机构参观游览,导游人员不得答应此类要求。

总之,出现以上情况时,导游人员要向游客耐心解释,说明原因,以免发生误会。如果游客仍然坚持,可以请领队出面协调,必要时汇报旅行社。

任务三　要求中途退团或延长旅游期限的处理

一、游客要求中途退团

游客在游览过程中要求中途退团虽不多见,但也时有发生;旅游团或部分游客被迫或主动要求延长旅游期的现象相对多一些。游客这样的特殊要求,不是导游人员所能解决的,所以当旅游团或部分游客提出提前离开中国或延长旅游期的要求时,导游人员必须立即报告旅行社,视具体情况做出决定,导游人员则在领导指示下做些具体工作,协助好游客。

（一）有正当理由要求中途退团

游客因患病,或因家中出事,或因工作上急需,或因其他特殊原因,要求提前退团,经接待方旅行社与组团社协商后可予以满足。至于未享受的综合服务费,按旅游协议书规定,或部分退还,或不予退还,由组团社决定后办理,导游人员无权自行决定。

（二）无正当理由要求中途退团

游客无特殊原因,只是因为某个要求得不到满足而提出提前离团回国或去第三国。遇到这类问题,导游人员要配合领队做说服工作,劝其继续随团旅游;若接待方旅行社确有责任,应设法弥补;若游客提出的是无理要求,要做耐心解释;若劝说无效,游客仍执意要求退团回国或去第三国,可满足其要求,但应告知未享受的综合服务费不予退还。

游客不管因为何种原因要求提前离开中国。导游人员都要在领导指示下协助游客办理分离签证、重订航班、机座及其他离团手续,所需费用由游客自理。导游人员还应及时将旅游团人数变化通知下一站。

二、游客要求延长旅游期限

(一)游客因伤需要延长期限

游客因伤因病需要延长在旅游目的地的逗留时间,导游人员不仅要热情地为其办理有关手续,还要不时地前往医院探视,以示关心,并帮助解决伤病者及其家属在生活上的困难。

(二)游客因个人原因需要延长旅游期限

游客在旅游团的活动结束后仍余兴未尽,希望继续在中国旅行游览,若不需延长签证,一般可满足其要求;若需延长签证,原则上应予婉拒。不管游客因何种原因停留中国的,导游人员应在旅行社的指示下,向其提供必要的帮助:陪同游客持旅行社的证明、护照及集体签证去当地公安局办理分离签证手续和延长签证手续,协助其重订航班、机座,帮其订妥客房,所需费用由游客自理。

【情景训练】

有个菲律宾旅游团一行 22 人 9 月 8 日从广州入境,13 日抵达杭州。15 日晚,该团游客洛佩兹夫妇找到全陪章先生,说刚接到家中电话得知其 11 岁的女儿遭遇车祸,伤势严重,现在医院急救,要提前离团回家。

训练要求:

由三名学生分别扮演全陪章某和洛佩兹夫妇,模拟导游碰到境外游客要求提前回国应该如何处理?

任务四　传递物品和信件要求的处理

游客如果要求导游人员帮助其向亲戚朋友或者有关部门传递信件、资料或者其他物品,导游人员一般应该婉拒。若游客确实需要帮助,不能亲自办理,导游人员应该首先请示旅行社领导,经同意后按照有关规定手续处理。具体处理方法为:

一、首先婉拒

游客要求导游人员帮助传递物品或信件,尤其是贵重物品、重要信件、视频和食品,导游人员应予以婉拒,请其亲自交送或通过邮局或快递公司投送。

二、征得领导同意后接受委托

如不涉及不能传递的物品,而且游客确有困难,如旅游团即将离开本地,难以亲自交送或邮寄,经请示接待社领导同意后,可接受委托,但应弄清楚传递的物品是什么,若是应税物品,应督促其纳税。

三、按规定的手续办理

1. 请游客写出委托书。委托书应写明委托传递物品的名称、品牌和数量,收件人的姓名、电话和详细地址,以及游客的签名与其详细通信地址。

2. 核对物品。请游客打开包裹,核实物品的名称、品牌和数量是否与委托书的内容一致。

3. 办好签收手续。物品或信件送交收件人后,应请收件人写出收据,收据上应体现收到的物品名称、品牌和数量,收到的日期,以及收件人签名和盖章。

4. 将委托书和收据送交旅行社保管。

5. 若是将物品或信件传递给外国驻华使、领馆及其人员,导游人员应建议游客自行办理,但可给予必要的协助;若游客确有困难不能亲自递送,导游人员应详细了解情况并向旅行社领导请示,将信件交旅行社,由旅行社传递。

任务五　要求探视亲友或亲友随团活动的处理

海外游客要求探望在中国的亲戚朋友,这可能是他们来中国旅游的重要目的之一。导游人员应设法予以满足,帮助游客找到在中国的亲友,协助安排会见或随团活动,达其意愿,这样就会大大缩短游客与导游人员之间的心理距离,有利于旅游活动的顺利进行。

一、游客要求探视在华亲友

(一)在华亲友是中国人

1. 游客探视经常有联系的亲友

如果游客与中国亲友常有联系,知道其姓名、地址、电话,导游人员可以让游客自己联系,也可协助联系并帮助安排会见。

2. 游客探视失散多年的亲友

游客寻找已失散多年的亲友,只知其名,不知其他,导游人员应积极帮助寻找。

(1)请游客将亲友的情况尽可能详细地写明,经由旅行社请公安户籍部门帮助寻找,找到了及时告诉游客,帮其联系并安排会见。

(2)如果游客在华期间找不到亲友,导游人员可让其留下详细通讯地址,待找到后书面通知他。

3. 游客要求会见同行

海外游客要求会见中国同行、洽谈业务、联系工作或其他活动,导游人员要向旅行社汇报,在领导指示下给予积极协助。

4. 游客要求会见名人

游客慕名求访某位名人,导游人员应了解游客要求会见的目的并向领导汇报,按规定办理。

(二)在华亲友是外国人

海外游客要求会见在华工作的外国人或驻华使、领馆的外交官,导游人员不应干预。如果知道亲友的姓名、工作单位和电话,应该让游客自己联系或协助其联系;若只知亲友的姓名和工作单位,协助其寻找电话号码和地址,让游客自己联系,也可协助联系。

(三)注意事项

1. 协助海外游客联系在华亲友、安排会见是导游人员的工作,但一般不参加会见,没有担当翻译的义务。

2. 外国驻华使、领馆的外交官请海外游客去使、领馆参加一些活动,也盛情邀请导游人员前往。对此,导游人员一般应婉拒;若对方坚持,导游人员应请示领导,经批准后方可前往,活动结束后应向领导汇报。

二、游客要求让在华亲友随团活动

旅游团抵达某地后,有的游客找到自己的亲友后希望他们随团活动甚至到外地去旅行游览。当游客提出此类要求时,导游人员应视具体情况尽量予以满足,但必须做好如下工作。

1. 征求领队和旅游团其他成员的同意。

2. 办理相关手续。在领队和游客同意的前提下,迅速与旅行社有关部门联系,带领游客去旅行社或旅行社派人来饭店办理入团手续。请游客的亲友出示有效证件,证明其身份;填写表格,交纳费用。

3. 提供同等服务。办理手续、交纳费用后,游客的亲友就正式成为旅游团的成员,导游人员对中外宾客要一视同仁,热情接待,周到服务。

4. 请示有关部门。如果要求随团活动的是外国驻我国使领馆工作人员或者外国记者,一般情况下应该婉拒。必要时请示旅行社或者有关部门,按照我国政府有关规定处理。

【情景训练】

一美国旅游团于某日 19:00 抵达酒店,地陪为游客办理了住店登记手续并分发了房卡。待游客陆续进入房间后,地陪正准备离开,此时一位游客急忙赶来,请地陪为其在华的中国亲属办理随团活动手续。

训练要求:

由四名学生分别扮演地陪、领队、要求亲友随团旅游的游客以及游客亲属,根据亲友随团活动的处理要求进行情景模拟。

项目 **2**
常见事故的预防和处理

【知识目标】

熟悉漏接、错接、空接的主要原因、预防措施和处理方法；

了解造成旅游计划变更的不同原因，熟悉一般处理规程，掌握具体变更措施和处理规程；

了解误机(车船)事故的原因,掌握误机(车船)事故的预防措施和处理方法；

掌握各类丢失问题的预防措施和处理方法；

熟悉游客走失的原因,熟悉预防措施和处理方法；

了解游客患病的预防措施,掌握游客患一般疾病的处理原则,熟悉游客患病及因病死亡的处理方法；

了解游客越轨言行问题性质的划分及一般处理方法。

【能力目标】

学生学会事先采取预防措施,防止事故出现；能够按程序正确处理导游服务中出现的问题和事故；能够自如运用导游服务常见事故的处理与预防措施。

任务一　漏接、错接、空接的预防与处理

一、漏接的原因、预防和处理

漏接是指导游人员没有按预定航班(车次、船次)时刻迎接旅游团(者),导致旅游团(者)抵达后,无导游人员迎接的现象。

（一）漏接的原因

漏接的原因是多方面的,并不都是导游人员的责任。对游客来说,无论是哪方面的原因造成的漏接都是不应该的,因此游客见到导游人员后都会抱怨、发火甚至投诉,这都是正常的。这时,导游人员应设身处地为游客着想,尽快消除游客的不满情绪,做好工作,挽回影响。

1. 由于主观原因造成漏接

（1）导游人员未按预定的时间抵达接站地点；

（2）导游人员工作疏忽，将接站地点搞错；

（3）由于某种原因，班次变更旅游团提前到达，接待社有关部门在接到上一站旅行社通知后，已在接待计划（或电话记录、传真）上注明，但导游人员没有认真阅读，仍按原计划去接团；

（4）新旧时刻表交替，导游人员没有查对新时刻表，仍按旧时刻表时间去接团等。

2. 由于客观原因造成的漏接

（1）由于交通部门的原因，原定班次或车次变更，旅游团提前到达，但接待社有关部门没有接到上一站旅行社的通知；

（2）接待社接到上一站通知但没有及时通知该团导游人员；

（3）由于交通堵塞或司机迟到，未能及时达到接站地点。

（二）漏接的处理

1. 由于主观原因造成漏接的处理

（1）导游人员应实事求是地向游客说明情况，诚恳地赔礼道歉，以求得客人谅解；

（2）如有费用问题（如游客乘坐出租车到饭店的车费），应主动将费用赔付给游客；

（3）用自己的实际行动，提供更加热情周到的服务，高质量地完成计划内的全部活动内容，以求尽快消除因漏接而给游客造成的不愉快情绪。

2. 由于客观原因造成漏接的处理

（1）导游人员不要认为与己无关而草率行事，应该立即与旅行社有关部门联系以查明原因。

（2）向游客进行耐心细致的解释，以防引起误解。

（3）尽量采取弥补措施，努力完成接待计划，使游客的损失降到最低程度。

（4）必要时，请旅行社领导出面赔礼道歉或酌情给旅游者一定的物质补偿。

（三）漏接的预防

1. 认真阅读接待计划。地陪在接到通知后，应认真核实旅游团抵达的日期、时间、接站地点。

2. 核实交通工具到达的准确时间。旅游团抵达本站的当天，地陪应与接待社有关部门联系，了解班次或车次是否有变更，并及时与机场（车站、码头）联系，核实抵达的确切时间。

3. 提前抵达接站地点。导游员应与司机商定好出发时间，保证按规定提前半小时到达接站地点。

二、错接的预防与处理

错接是指导游员在接站时未认真核实，接了不应由他接的旅游团。错接属于责任事故。

（一）错接的原因

导游人员责任心不强，没有认真核对接待计划。

（二）错接的处理

1. 若错接发生在同一家旅行社接待的两个旅游团，地陪应立即向领导汇报，经领导同意，地陪可不再交换旅游团；如是地陪兼全陪的情况，则应交换旅游团并向游客道歉。

2. 若错接发生在另一家旅行社的旅游团时，地陪应立即向接待社领导汇报。设法尽快交换旅游团，并向游客实事求是地说明情况并诚恳地道歉。

（三）错误的预防

1. 地陪应认真阅读接待计划，掌握旅游团的相关信息。

2. 地陪应提前到达接站地点并尽快迎接旅游团，接站时应佩戴有醒目标志的工作牌及接站标志。

3. 接团时认真核实。地陪要认真逐一核实旅游客源地组团旅行社的名称、旅游目的地的名称、旅游团的代号、人数、领队姓名（无领队的团队要核实游客的姓名）、下榻饭店等。

4. 提高警惕，严防社会其他人员非法接走旅游团。

三、空接的原因与处理

空接是指由于某种原因旅游团推迟抵达某站，导游员仍按原计划预定的班次或车次接站而没有接到旅游团。

（一）造成空接的原因

1. 接待社没有接到上一站的通知。

由于天气、机械故障或交通管制等原因，旅游团仍滞留在上一站或途中，而上一站接待社无法得知这种临时变化，没有通知下一站接待社。此时，全陪或领队也无法通知旅行社。因此，造成空接。

2. 上一站忘记通知。

由于某种原因，上一站旅行社将该团原定的航班或车次变更，变更后推迟抵达，但上一站有关人员由于工作疏忽没有通知下一站接待社，造成空接。

3. 没有通知地陪

由于临时变化，团队不能正常抵达，接待社接到上站通知，由于疏忽造成没有及时通知地陪而造成空接。

4. 游客本身的原因

游客因病、急事或其他原因，临时取消旅游计划，但没有及时通知旅行社。

（二）空接的处理

1. 排除漏接

导游人员应排除自己走错接站地点或出站口的可能，并与旅游团下榻饭店联系，核实旅游团是否自行抵达饭店，以排除漏接。

2. 请地接社查明原因

地陪应立即与地接社有关部门联系并查明原因。

3. 旅游推迟抵达

若核实旅游团推迟抵达,如推迟时间不长,地陪可留在接站地点等候,迎接旅游团的到来;如推迟时间较长,要按本社有关部门的安排,重新落实接团事宜,包括接站时间,预订酒店、餐馆、用车等。

4. 旅游团取消行程

若核实旅游团取消行程,地陪应立即通知地接社有关部门取消一切预定事项,如退房、退餐、退车;及时通知组团社和下一站接待社。

【情景训练】

导游员小汪按照旅行社的安排去机场迎接一个20人的旅游团,班机准时到达。人数、团名、国籍一一对上号后,小汪就带领游客上车。当车到达饭店门口时领队突然提出疑问说他们住的饭店不是这一家。当领队拿出计划和小汪对照后,小汪才知道自己接错团了。

训练要求:

一名学生扮演导游小汪,一名扮演领队,四名学生扮演游客,模拟导游接错团后该如何进行处理,如何与领队和游客沟通?

任务二　旅游活动计划变更的预防和处理

一、游客要求变更计划或活动日程的处理

在旅游过程中,由于种种原因,游客提出变更计划或活动日程的要求时,导游员原则上应按合同执行;遇有特殊情况时,导游人员也无权擅自做主,要及时上报组团社或接待社有关人员,经有关部门同意后,按照其指示和具体要求做好变更工作,要求全体游客签字确认同意变更,以免事后带来不必要的纠纷。

二、客观原因需要变更计划或活动日程的处理

旅游过程中,因客观原因(如导游员疏忽导致误机)、不可预料的因素(如天气、自然灾害、交通故障、疾病流行等)需要变更旅游团的旅游计划、路线和活动日程。遇到此类问题,地陪应主动与全陪配合,向旅游团做好解释工作,稳定游客的情绪,及时将旅游团的意见反馈给组团社和接待社,并根据组团社和接待社的安排做好工作。

（一）导游人员采取的一般应变措施

1. 制订应变计划并报告旅行社

导游人员首先应分析事故的性质及其严重性和可能造成的后果,分析游客因此可能出现的心理状态和情绪,迅速制订出应变计划并报告旅行社,但切不可将自己的意愿强加给游客。

2. 做好游客的工作

地陪、全陪协商取得一致意见后,找机会向领队及团内有影响的游客实事求是地说明困难,诚恳致歉,以求得他们谅解,并提出可能的应变计划与他们商量,争取他们的认可和支持,然后分头向游客做好解释工作。

3. 适当地给予物质补偿

可以采取加菜、加酒、赠送小纪念品等物质补偿的方法,或请旅行社领导出面向游客表示歉意。

(二)导游人员可采取的具体措施

1. 延长在某地的旅游时间

旅游团提前抵达或推迟离开都会延长在本地的游览时间,此时地陪应采取如下措施:

(1)及时对客人做好说服工作,给客人一些发泄的时间。

(2)与旅行社有关部门联系,重新落实该团用餐、用房、用车的安排。

(3)调整活动日程,酌情增加游览景点;适当延长在主要景点的游览时间;晚上安排娱乐活动,努力使活动内容充实。

(4)如系推迟离开本站,要及时通知下一站(也可提醒旅行社有关部门与下一站联系)。

2. 缩短在某地的游览时间

旅游团提前离开或推迟抵达,都会缩短在一地的游览时间,此时地陪应采取如下措施:

(1)尽量抓紧时间,将计划内的参观游览安排完成;若确有困难,要有应变计划;突出本地最具代表性、最具特色的旅游景点,以求游客对本地旅游景观有基本了解。

(2)如系提前离开,要及时通知下一站(也可提醒旅行社有关部门与下一站联系)。

(3)向旅行社领导及有关部门报告,与饭店、餐馆、车队联系,及时办理退餐、退房、退车等事宜。

3. 逗留时间不变,但被迫改变部分旅游计划

这种情况肯定是外界客观原因造成的,如大雪封山、维修改造进入危险阶段等。此时地陪应采取如下措施:

(1)被迫取消当地的某一活动由另一活动代替时,地陪要以精彩的介绍、新奇的内容和最佳的安排激起游客的兴趣,使新的安排得到游客认可。

(2)减少(超过半天)或取消一地的游览时间时,地陪应与全陪、领队沟通,取得意见一致后由全陪报告组团社,由组团社作出决定并通知有关地方接待社,地陪执行决定。

【情景训练】

亚细亚旅行社某旅游团计划于 26 日当天乘飞机离开陕西去甘肃,因天气原因无法在兰州机场降落,只好返回西安。西安青年旅行社接到通知后,立即安排车辆在 22:00 赶到机场,把旅游团接回饭店。第二天一早,该团要求取消甘肃拉卜楞寺之行,希望在西安继续游览。

训练要求:

一名学生扮演全陪,四名学生扮演游客,模拟导游面对团队因客观原因造成旅游行程更改的情景该如何处理?

任务三　误机(车船)事故的预防和处理

误机(车、船)事故是指由于某些原因或旅行社有关人员工作的失误,旅游团(者)没有按原定航班(车次、船次)离开本站而导致暂时滞留。

误机(车、船)是重大事故,不仅给旅行社带来巨大的经济损失,还会使游客蒙受经济或其他方面的损失,严重影响旅行社的声誉。因此,无论是旅行社还是导游人员都必须高度认识这一事故的严重后果,杜绝此类事故的发生。

一、误机(车、船)事故的原因

(一)客观原因导致的非责任事故

由于游客自身原因(重病、受伤、走失等)或由于途中遇到交通事故、严重堵车、汽车发生故障等突发情况造成迟误。

(二)主观原因导致的责任事故

由于导游人员或旅行社其他人员工作上的差错造成迟误,如导游人员安排日程过紧,导游人员没有按服务规范提前抵达机场(车站、码头);临行前安排游客去地域复杂的游览景点或商业区参观游览和购物,延误了时间;在每年新旧航班(车次、船次)时刻交替时间,导游人员本着经验主义,仍按以往的班次离开时间送客;航班班次(车次、船次)变更,旅行社计调人员没有及时通知导游人员。

二、误机(车、船)事故的预防

1. 导游人员应提前做好与旅行社有关部门核实旅游团离站交通票据的工作,确定班次有无变化。

2. 对交通票据进行核实(计划时间的核实、票面时间的核实、时刻表的核实、问讯核实等"四核实")。如交通票据没落实,带团期间要随时与旅行社有关部门联系,了解班次有无变化。

3. 安排充裕的时间去机场(车站、码头),保证旅游团按以下规定时间到达离站地点:

乘国内航班:提前 90 分钟到达机场;

乘国际航班:提前 120 分钟到达机场;

乘火车或轮船:提前 60 分钟到达车站或码头。

三、误机(车、船)事故的处理

1. 立即向旅行社领导及有关部门报告并请求协助。

2. 地陪和旅行社尽快与机场(车站、码头)调度室联系,争取让游客尽快改乘最近班次的交通工具离开本站;或采取包机(车厢、船)或改乘其他交通工具前往下一站。

3. 若当天无法离开,导游人员要稳定游客的情绪,安排好滞留期间在当地的食宿游览等事宜。

4. 及时通知下一站,对日程作相应的调整。如果对日程影响大,则应通知国内组团社。

5. 导游人员向旅游团的全体游客说明真实情况并赔礼道歉,必要时请旅行社领导出面道歉,同时采取相应的补偿措施,力争挽回旅行社的声誉。

6. 写出事故报告,查清事故的原因和责任,责任者应承担经济损失并受相应的处分。

【情景训练】

某旅游团将于 11 月 6 日 18:00 乘飞机离开福州赴 H 市。地陪小李带领该团游览了鼓山后于 16:00 将该团带到市中心购物。16:40 全团上车后发现少了两名客人,于是小李让领队照顾全团在原地等候,自己和全陪分头去找这两名客人,等找到两个失散客人回到车上,再赶到机场。此时,机场已停止办理该航班的登机手续,造成全团误机。

训练要求:

一名学生扮演地陪小李,一名学生扮演旅行社负责人,四名学生扮演游客,模拟导游处理误机事故的情景,注意导游能采取哪些补救措施?

任务四　游客丢失问题的预防和处理

一、丢失证件、行李、钱物的预防

旅游期间,游客丢失证件、钱物、行李的现象时有发生,不仅给游客造成诸多不便和一定的经济损失,也给导游人员的工作带来不少麻烦和困难。导游人员应经常关注旅游者这些方面的安全,采取各种措施预防此类问题的发生。

1. 多做提醒工作。参观游览时,导游人员要提醒游客带好随身物品和提包;在热闹、拥挤的场所和购物时,导游人员要提醒游客保管好自己的钱包、提包和贵重物品;离开饭店时,导游人员要提醒游客带好随身行李物品,检查是否带齐了旅行证件。

2. 导游人员在工作中需要游客的证件时,要经由领队收取,用毕立即如数归还,不要代为保管;还要提醒游客保管好自己的证件。

3. 切实做好每次行李的清点、交接工作。

4. 每次游客下车后,导游人员都要提醒司机清车、关窗并锁好车门。

二、丢失证件的处理

当游客丢失证件时,导游人员应先请游客冷静地回忆,详细了解丢失情况,尽量协助寻找。如确已丢失,应马上报告组团社或接待社,根据组团社或接待社的安排,协助游客向有关部门报失,补办必要的手续。所需费用由游客自理。

(一)丢失外国护照和签证

1. 由旅行社出具证明;
2. 请失主准备照片;
3. 失主本人持证明去当地公安局(外国人出入境管理处)报失,由公安局出具证明;
4. 持公安局的证明去所在国驻华使、领馆申请补办新护照;
5. 领到新护照后,再去公安局办理签证手续。

(二)补办团队签证

须有签证副本和团队成员护照,并重新打印全体成员名单,填写有关申请表(可由一名游客填写,其他成员附名单),然后到公安局(外国人出入境管理处)进行补办。

(三)丢失中国护照和签证

1. 华侨丢失护照和签证

(1)失主准备照片;
(2)当地接待旅行社开具证明;
(3)失主持遗失证明到省、市、自治区公安局(厅)或授权的公安机关报失并申请办理新护照;
(4)持新护照去其侨居国驻华使、领馆办理入境签证手续。

2. 中国公民出境旅游时丢失护照、签证

(1)请地陪协助在接待社开具遗失证明,再持遗失证明到当地警察机构报案,取得警察机构开具的报案证明;
(2)持当地警察机构的报案证明和遗失者照片及有关护照资料到我驻该国使、领馆办理新护照;
(3)新护照领到后,携带必备的材料和证明到所在国移民局办理新签证。

(四)丢失港澳居民来往内地通行证

失主持当地接待旅行社的证明向遗失地的市、县公安部门报失,经查实后由公安机关的出入境管理部门签发一次性有效的中华人民共和国出境通行证。

(五)丢失台湾同胞旅行证明

失主向遗失地的中国旅行社或户口管理部门或侨办报失,核实后发给一次性有效的出入境通行证。

(六)丢失中华人民共和国居民身份证

由当地旅行社核实后开具证明,失主持证明到公安局报失,经核实后开具身份证明,机场安检人员核准放行。

三、丢失行李的处理

(一)来华途中丢失行李

海外游客的行李在来华途中丢失,不是导游人员的责任,但应帮助游客追回行李。

1. 带失主到机场失物登记处办理行李丢失和认领手续。失主须出示机票及行李牌,详细说明始发站、转运站,说清楚行李件数以及丢失行李的大小、形状、颜色、标记、特征等,并一一填入失物登记表;请失主将下榻饭店的名称、房间号和电话号码(如果已经知道的话)告诉登记处并记下登记处的电话和联系人,记下有关航空公司办事处的地址、电话,以便联系。

2. 游客在当地游览期间,导游人员要不时打电话询问寻找行李的情况,一时找不回行李的,要协助失主购置必要的生活用品。

3. 离开本地前行李还没有找到,导游人员应帮助失主将接待旅行社的名称、全程旅游线路以及各地可能下榻的饭店名称转告有关航空公司,以便行李找到后及时运往最相宜地点交还失主。

4. 如行李确系丢失,失主可向有关航空公司索赔。

(二)在中国境内丢失行李

游客在中国境内旅游期间丢失行李,一般是交通部门或行李员的责任,但导游人员应高度重视,负责查找。

1. 冷静分析情况,找出差错的环节。如果游客在出站前领取行李时,找不到托运的行李,则有可能上一站行李交接或行李托运过程中出现了差错,此时,导游人员可采取以下措施:

(1)带失主到失物登记处办理行李丢失和认领手续。由失主出示机票和行李牌,填写丢失行李登记表。

(2)立即向旅行社领导汇报,请其安排有关部门和人员与机场、上一站旅行社、民航等单位联系,积极寻找。

2. 如果抵达饭店后,发现游客没有拿到行李,则问题可能出在饭店内或本地交接或运送行李过程中,此时,地陪应采取如下措施:

(1)和全陪、领队一起先在本团成员所住房间寻找,查看是否是饭店行李员送错了房间,还是本团客人误拿了行李。

(2)如找不到,就应与饭店行李科迅速取得联系,请其设法查寻。

(3)如饭店行李科工作人员仍找不到,应向旅行社汇报。

3. 主动做好失主的工作。对丢失行李事故向失主表示歉意,并帮助其解决因行李丢失而带来的生活方面的困难。

4. 经常与有关方面联系,询问查找进展情况。

5. 将找回的行李及时归还。如果确定行李已经遗失,则应由旅行社领导出面向失主说明情况,表示歉意。

6. 帮助失主根据惯例向有关部门索赔。

7. 事后写出书面报告。报告中要写清行李丢失的经过、原因、查找过程及失主和其他

团员的反映等情况。

四、丢失钱物的处理

游客丢失财物，导游人员要详细了解失物的形状、特征、价值，分析物品丢失的可能时间和地点并积极帮助寻找。若丢失的是进关时登记并须复带出境的或保险的贵重物品，接待旅行社要出具证明，失主持证明到当地公安局开具遗失证明，以备出海关时查验或向保险公司索赔。

证件、财物特别是贵重物品被盗是治安事故，导游人员须立即向公安部门和保险公司报案，协助有关人员查清线索，力争破案，找回被窃证件、物品，挽回不良影响。若找不回被盗物品，导游人员要协助失主持旅行社的证明到当地公安局开具失窃证明书，以便出关时查验或向保险公司索赔，同时要提供热情周到的服务，安慰失主，缓解他的不快情绪。

【情景训练】

导游张强带领一个旅游团出游，为了赶飞机，安排在机场附近餐厅用餐。该团用完餐后，即取车赶赴机场。刚进入机场出发层，团中游客老张急切地找到张强，说自己一架高级数码相机挂在刚才用餐餐厅的椅背上忘了拿。

训练要求：

一位学生扮演导游张强，一位学生扮演丢失物品的游客老张，三名学生扮演其他游客。模拟导游遇到游客丢失物品的处理情景。

任务五　游客走失的预防和处理

游客走失，是指游客完全与团队失去联系，且在既定的时间没能准时归队，这种走失往往是旅游重大事故发生的前兆。一旦旅游团中发生游客走失的事件，无论哪种原因都会影响游客的情绪，严重时会影响旅游计划的完成，甚至会危及游客的生命和财产安全。

为最大限度地避免游客走失事故的发生，导游人员应该时刻做好提醒工作，一旦走散，应与领队和全陪等配合，做好相应工作。

一、游客走失的原因

1. 地陪在离开旅游车之前或在进入景点大门时，没有向游客讲清在景点内的游览路线、集合时间和地点以及旅游车的停车位置、车号等。

2. 地陪的讲解不精彩，讲解内容缺乏针对性，游客不感兴趣。游客被某一景观或某种活动迷住了或在某处摄影时间过长，脱离了团队；

3. 在自由活动、外出购物时，游客没有记清饭店地址和路线而走失。

二、游客走失的处理

（一）游客在景区游览活动中走失

1. 了解情况，迅速寻找。地陪应立即向团内其他游客和景点工作人员了解情况并请全陪和工作人员迅速分头去寻找。地陪、全陪和领队要密切配合，一般情况下是全陪、领队分头去找，地陪带领其他游客继续游览。

2. 争取有关部门的协助。在经过认真寻找仍然找不到走失的游客时，地陪应立即向游览地的派出所、保安部门和管理部门求助，同时与该团下榻的饭店前台和楼层服务台联系，询问该游客是否已回饭店。

3. 向旅行社报告。如采取以上措施仍找不到走失的游客，地陪应向接待社及时报告并请求帮助，必要时经领导同意向公安部门报案。

4. 做好善后工作。找到走失的游客后，导游员应问清情况，分析走失的原因。如是自己的原因，应向游客道歉；如责任在走失者，导游员也不应指责或训斥对方，应对其进行安慰，讲清利害关系，提醒以后注意。

5. 写出事故报告。如发生严重的游客走失事故，导游员应写出书面报告，内容包括游客走失的经过、走失原因、寻找的经过、善后处理及游客的反映等详细情况。

（二）游客在自由活动中走失的处理

1. 立即报告旅行社。地陪可寻求接待社有关人员的协助，通过有关部门通报管区的公安局、派出所和交通部门，尽量详细地提供走失者的特征和相关情况，请求沿途寻找。

2. 善后工作。找回走失者后，导游应表示高兴；问清情况，安抚因走失而受惊吓的旅游必要时提出善意的批评，提醒其引以为戒，避免走失事故再次发生。

3. 游客走失后出现其他情况如受伤、被偷盗、被抢劫等，应视具体情况作为治安事故或其他事故处理。

三、游客走失的预防

（一）做好各种预报工作

1. 在出发前或旅游车离开饭店后，地陪都要向游客报告一天的行程，讲清上、下午的游览地点，中、晚餐用餐的地点和餐厅的名称。

2. 车要进入游览点之前，地陪要告知全体游客旅游车的停车地点、车号及车的特征，并强调开车的时间。

3. 进入游览点后，在该景点的示意图前，地陪要向游客介绍游览路线，所需时间，集合的时间、地点等。

（二）做好提醒工作

1. 游客单独外出时，地陪要提醒游客记住接待社的名称、与导游员的联系方法、旅游车的车号和标志、下榻饭店的名称及电话号码或带上饭店的地址等。

2. 自由活动时,地陪要建议游客最好结伴同行,不要走得太远;提醒游客不要回饭店太晚,不去地域复杂、热闹、拥挤、秩序混乱的地方,随身带好饭店名片。

(三)经常清点人数

地陪要时刻与本团游客在一起,注意游客的动向,经常清点人数,发现少人,随时寻找。

(四)与全陪、领队密切配合

参观游览时,地陪、全陪和领队要密切配合:地陪举社旗走在队伍前面,引导游客观景赏美并做精彩讲解,全陪或领队则断后,注意游客动向,必要时提醒游客跟上队伍,防止游客走失。

(五)以高超的导游技巧和丰富的讲解内容吸引游客

导游员讲解的内容是否丰富,导游技巧是否运用巧妙,直接关系到游客的注意力能否集中。

【情景训练】

杭州某旅行社组织的云南双飞 8 日游活动。当团队来到石林游览时,地陪带领全团游客边游览边讲解,而老张因为喜欢摄影走在队伍的最后。在全团结束石林游览清点人数时,导游发现老张不见了。

训练要求:

一名学生扮演地陪,一名学生扮演全陪,一名学生扮演老张,三名学生扮演游客。模拟导游发现老张不见之后,地陪和全陪的处理情景。

任务六　游客患病与死亡的预防和处理

一、游客患病的预防

游客从居住地到旅游目的地,经过长途旅行的劳累,加上气候变化、水土不服、起居习惯改变等原因,体力消耗较大,团中年纪大、有慢性病、体质弱的游客较难适应,会引发一些游客旧病复发、生病甚至死亡。导游员应从多方面了解游客的身体状况,照顾好他们的生活,经常关心、提醒,避免人为的原因致使游客生病。

(一)了解旅游团成员的健康状况

导游员可以通过多方面了解本团游客的健康状况,做到心中有数。接团前通过研究接待计划了解本团成员的年龄构成;从接到旅游团时起,地陪可从领队处了解团内有没有需要特殊照顾的患病游客;在游客之间进行了解;通过察言观色对身体肥胖或羸弱、走路缓慢、费力的游客及面部表情和举止异常的游客多关心,预防突发疾病的发生。如果游客太累或身体不舒服,就得劝其休息或去医院检查,以免身体状况恶化。

（二）活动安排留有余地

如旅游团中老弱病残者占的比重较大，导游员制订计划、安排活动日程时要留有充分的余地，活动节奏不要太快，做好劳逸结合；体力消耗大的项目不要集中安排；晚间活动安排时间不宜过长。

（三）做好提醒工作

提醒游客注意饮食卫生，不吃不洁食物，不要喝生水；气候干燥或在盛夏时，提醒游客多喝水；适当调整游览时间，保证游客有充足的休息时间。

（四）做好预报工作

地陪应做好天气预报工作，要根据每天的天气预报提醒游客增减衣服、携带雨具、穿戴适宜的鞋帽等。

二、游客患一般疾病的处理

1. 劝其及早就医并多休息。游客患一般疾病时，导游员要劝其尽早去医院看病，并留在饭店内休息；如需要，导游员应陪同患者前往医院就医。

2. 关心游客的病情。如果游客留在饭店内休息，导游员要前去询问身体状况并安排好用餐，必要时通知餐厅为其个别制作合适餐食，可与饭店的大堂副理联系，关注该游客的身体状况。

3. 向游客讲清看病费用自理。

4. 严禁导游员擅自给患者用药。

三、游客突患重病的处理

1. 在参观游览过程中游客突然患病，导游员应采取措施就地抢救，不要搬动患病游客，让其就地坐下或躺下；立即拨打电话叫救护车，及时向接待社领导及有关人员报告。

2. 若乘旅游车前往景点途中游客患重病，必须立即将其送往就近的医院；或拦车将其送往医院，必要时暂时中止旅行，让旅游车先开到医院；还应及早通知旅行社，请求指示和派人协助。

3. 游客在饭店患重病时，应立即通知饭店医务人员抢救，如饭店不设医务室或症状严重，应立即送医院。

4. 在向异地转移途中游客突患重病时，导游人员应请求机组人员、列车员或船员在飞机、火车、轮船上寻找医生；并通知下一站急救中心和旅行社准备抢救。

四、游客病危的处理

1. 游览途中病危时，导游员应立即协同领队和患者亲属送病人去急救中心或医院抢救，或请医生前来抢救。患者如系国际急救组织的投保者，导游员还应提醒领队及时与该组织的代理机构联系。

2. 在抢救过程中，导游员应要求领队和患者亲属在场，并详细记录患者患病前后的症状及治疗情况。需要手术或特殊检查签字时，导游员应请患病游客的亲属或领队签字。导游员还应随时向当地接待社反映情况。

3. 若游客病危但亲属不在身边时，导游员应提醒领队及时通知患者亲属。如患者亲属系外籍人士，导游员应提醒领队通知所属国驻华使、领馆。患者家属到来后，导游员应协助其解决生活方面的问题；若找不到亲属，一切按使、领馆的书面意见处理。

4. 导游员这时应保证旅游团其他游客的活动，全陪应继续随团陪同旅游。对于需要讲解、引导的景点，地陪也应争取在团，或由旅行社另派导游。

5. 患病游客转危为安，但仍需住院治疗不能随团离境时，接待社领导和导游员（主要是地陪）要时常去医院探望，帮助患病游客办理分离签证、延期签证以及出院、回国手续和交通票证等善后事宜。

6. 患病游客住院及医疗费用自理，离团住院时未享受的团队综合服务费由旅行社之间结算，按规定退还本人；患病游客的亲属在华期间的一切费用自理。

五、游客死亡的处理

旅客在旅游期间不论什么原因导致死亡，都是一件很不幸的事情。出现游客死亡的情况时，导游员应沉着冷静，立即向当地接待社报告，由当地接待社按照国家有关规定做好善后工作；同时地陪应稳定其他客人的情绪，并继续做好旅游团的接待工作。

1. 立即报告。导游员应立即报告地方接待旅行社和组团社以及其他有关部门，按当地接待社领导的指示做好善后工作。

2. 通知亲属。如死者的亲属不在身边，导游员必须立即通知其亲属，如死者的亲属系外籍人士，应提醒领队或经由外事部门及早通知死者所属国驻华使、领馆。

3. 通报死因。由参加抢救的医生向死者亲属、领队或死者所属国家驻华使、领馆详细报告抢救患者的经过，写出抢救经过报告、死者诊断证明书，由主治医师签字后盖章复印，分别交给领队、旅行社和死者的亲属。

4. 清点遗物。死者的遗物由其亲属或领队、死者生前好友代表、全陪、接待社代表共同清点，列出清单，一式两份，上述人员签字后分别保存。遗物由死者的亲属或领队带回或交使、领馆。

5. 关于解剖。对死者一般不做尸体解剖，如要求解剖尸体，应由死者的亲属或领队提出书面申请，经医院同意后方可进行。

6. 关于遗体火化。一般应以在当地火化为宜。遗体火化前，应由死者的亲属或领队写出火化申请书，交我方保留。

7. 关于遗体运送回国。死者的亲属要求将遗体运送回国，除需办理上述手续外，还应由医院对尸体进行防腐处理，由殡仪馆成殓，并发给装殓证明书。

如游客死亡地点不是出境口岸，应由地方检疫机关发给死亡地点至出境口岸的检疫证明"外国人运带灵柩（骨灰）许可证"。然后由出境口岸检疫机关发给"中华人民共和国××检疫尸体/灵柩/进/出境许可证"，再由死者所持护照国驻华使、领馆办理一张遗体灵柩经由国家的通行护照，此证随灵柩一起同行。

8. 保险索赔。死者如生前已经办理人寿保险，导游或旅行社其他人员应协助死者亲属办理人寿保险的索赔、医疗费报销等有关证明。

【情景训练】

地陪王红率一旅游团从龙岩沿高速赴厦门,途中一老年游客心脏病复发,病情严重,身边又无急救药物,其老伴手足无措。

训练要求:

一位学生扮演地陪王红,一位学生扮演全陪,一位学生扮演司机,一位学生分别扮演心脏病复发者及其夫人,模拟导游面对游客突患重病的处理情景。

任务七　游客越轨言行的处理

越轨行为一般是指游客侵犯一个主权国家的法律和世界公认国际准则的行为。外国游客在中国境内必须遵守中国的法律。若犯法,必将受到中国法律的制裁。中国游客在国内或出国旅游也应遵守旅游目的地国的法律法规。

游客的越轨言行系个人问题,但处理不当却会产生不良后果。因此,处理这类问题要慎重,事前要认真调查核实,分清越轨行为和非越轨行为的界限,分清楚有意和无意的界限,分清无故和有因的界限,分清言论和行为的界限。只有正确地区别上述界限,才能正确处理此类问题,才能团结朋友、增进友谊,维护国家的主权和尊严。

导游员应积极向外国游客介绍中国的有关法律及注意事项,多做提醒工作,以免个别游客无意中做出越轨、犯法行为;发现可疑现象,导游员要有针对性地给予必要的提醒和警告,迫使预谋越轨者知难而退;对顽固不化者,对其越轨言行一经发现应立即汇报,协助有关部门进行调查,分清性质。

一、对游客攻击和诬蔑言论的处理

由于社会制度的不同、政治观点的差异,外国游客可能对中国的方针政策及国情有误解或不理解,在一些问题上存在认识分歧。因此,导游员要积极地宣传中国,认真回答游客的问题,友好地介绍我国的国情,阐明我方某些问题的立场、观点,求同存异。

但是,若有外国游客站在敌对立场上对我国进行攻击和诬蔑,导游员要严正驳斥,驳斥时要理直气壮、观点鲜明、立场坚定,但不要与之纠缠,必要时报告有关部门,查明后严肃处理。

二、对游客违法行为的处理

因社会制度和传统习惯的差异导致各个国家的法律不完全一样,对因缺乏了解中国的法律和传统习惯而做出违法行为的外国游客,导游员要讲清道理,指出错误责任,并报告有关部门,根据其情节适当处理;对明知故犯者,导游员要提出警告,并配合有关部门严肃处理,对情节严重者应绳之以法。

外国游客中若有人从事窃取我国机密和经济情报,走私、贩毒、偷盗文物、倒卖金银、套购外汇,贩卖黄色书刊及录音带、录像带、激光视盘,嫖娼、卖淫等犯罪活动,一旦发现,导游员应立即汇报,并配合司法部门查明情况,严肃处理。

三、对游客散发宗教宣传品行为的处理

外国游客若在中国散发宗教宣传品,导游员一定要加以劝阻。并向其宣传中国的宗教政策,指出不经我国宗教团体邀请和允许,外国人不得在我国布道、主持宗教活动和非宗教活动场合散发宗教宣传品。处理这类事件要注意政策界限和方式方法,对不听劝告并有明显破坏活动者应立即报告,由司法、公安有关部门处理。

四、对游客违规行为的处理

(一)对异性越轨行为的处理

当发生游客对异性行为不轨时,导游员应予阻止;对不听劝阻者应严正指出问题的严重性,必要时与全陪协助采取断然措施,及时制止。

(二)对酗酒闹事者的处理

游客酗酒,导游员应先规劝并严肃指明可能造成的严重后果.尽力阻止。不听劝告、扰乱社会秩序、侵犯他人并造成物质损失的肇事者必须承担一切后果,直至法律责任。

(三)违反景区、景点有关规定的处理

游客中总有一些人行为不检点,对景区、景点竖立的醒目告示牌熟视无睹,明知故犯。导游人员在进行精彩讲解的同时,应该进行文物保护、环境保护的宣传。导游人员要讲清景区、景点的有关规定并一再提醒游客注意遵守。例如,有的地方禁止进入、禁止照相、禁止使用闪光灯;禁止乱涂、乱画;禁止践踏草地、禁止攀登、禁止采摘花草、果实,禁止采挖野菜;禁止随地吐痰、乱扔废弃物等。导游人员还要注意游客的动向,防止少数人破坏景区、景点的环境,扰乱景区、景点的秩序。若发现违规行为,导游人员应予以阻止;若有人不听劝告、一意孤行,导游人员要报告有关部门,对其进行严肃处理。

【补充阅读】

西方某国家的一个旅游团的一位游客,在我国的新疆、西藏旅游后,对导游于小姐发了一番感慨,他说"中国是如此之大,民族是如此之多,但其中有些少数民族,像藏族、维吾尔族等,他们有自己独特的文化和历史,所占的地域很大,经济又比较落后,贵国政府为什么不让他们独立呢? 这样也可减轻国家负担啊!"于小姐听了游客的话,思考了一会说:"你所提的是国家大事,不是我们老百姓能决定的,必须由我国政府决定。"听了于小姐的话,其中一位游客又问:"于小姐,你认为西藏能不能独立?"于小姐说:"西藏是不能独立的,它是我们祖国的一部分。"

项目 **3**

安全事故的预防和处理

【知识目标】
　　熟悉交通、治安、火灾事故及食物中毒问题的预防措施和处理方法。
【能力目标】
　　学生学会能够事先采取预防措施，防止安全的事故出现；能够按程序正确处理导游服务中出现的问题和事故。

　　根据国家旅游局在《旅游安全管理暂行办法实施细则》第七条中规定"凡涉及游客人身、财物安全的事故均为旅游安全事故。

　　旅行社接待过程中可能发生的旅游安全事故，主要包括交通事故、治安事故、火灾事故、食物中毒事故和其他原因造成的游客意外伤亡和财物损失等。这类事故虽然无法预料，但为了尽量避免这类事故的发生，作为旅行社首先应充分认识此类事故的严重性，其次应完善管理，积极落实有关防范措施。作为导游人员应做好提醒工作，身体力行地严格按服务规范进行服务。

　　一旦发生旅游安全事故时，应采取一切可能的措施，尽量减少人员伤亡和财物损失，把由于意外事故所造成的人员伤害、财物损失和不利影响降到最低，保护游客的基本权利和利益，维护我国旅游业的声誉。

任务一　交通事故

一、交通事故的预防

　　交通事故的范围很广，常见的有汽车出现故障、塞车、撞车等，导游人员要密切配合好司机，做好交通事故的预防。

　　（一）乘车之前

　　1. 提醒司机经常检查车辆，发现隐患，及时修理或要求更换车辆。

　　2. 需长途行驶或穿越山区道路时，应指定经验丰富的司机。

　　3. 运行在高原地带的车辆必须常备氧气袋，并在出团前检查是否保存完好。

　　4. 车辆座位最好比乘坐游客人数多出 20％，车辆的最后一排及司机座位后的第一排都不宜引导客人乘坐。

（二）行驶途中

1. 司机在行车时，导游人员不要与司机聊天，以免分散其注意力；但在长途行车时，导游人员却要不时地与司机聊两句，以免司机打瞌睡。

2. 安排游览日程时，在时间上要留有余地，以免司机因赶时间而违章超速行驶，避免司机疲劳驾驶；在任何情况下，导游人员都不应该催促司机开快车，有时还要阻止司机开"英雄车"、"赌气车"。

3. 如遇天气不好（雨、雪、大雾天）、交通堵塞、路况不佳，尤其在窄道、山区行车时，导游人员要随时提醒司机注意安全，谨慎驾驶。

4. 如果天气恶劣，地陪对日程安排可适当灵活地加以调整；如遇有道路不安全的情况，可以改变行程。必须把安全放在第一位。

5. 司机在工作期间不得喝酒，如果司机饮酒，导游人员要加以劝阻，若司机不听劝告，要立即报告旅行社，要求改派车辆或更换司机。

6. 非本车司机不得开车。

二、交通事故的处理

交通事故在旅游活动中时有发生，不是导游人员所能预料、控制的。遇有交通事故发生，只要导游人员没受重伤，神志还清醒就应立即采取措施，冷静、果断地处理，并做好善后工作。由于交通事故类型不同，处理方法也很难统一，但一般情况下，导游人员应采取如下措施：

（一）立即组织抢救

交通事故发生后，导游人员应立即组织现场人员迅速抢救受伤的游客，特别是重伤员。如不能就地抢救，应立即打电话给救护中心，将伤员送往距出事地点最近的医院抢救。

（二）保护现场，立即报案

事故发生后，不要在忙乱中破坏现场，应指定专人保护现场，并尽快通知交通、公安部门（交通事故报警电话是 122），请求派人来现场调查处理。

（三）迅速向旅行社汇报

在安顿好受伤游客后，导游人员应迅速向所在旅行社领导报告事故发生地点、原因、经过及所采取的措施、游客伤亡情况、团内其他游客的反应等，听取领导对下一步工作的指示。

（四）做好全团游客的安抚工作

导游人员应及时安定其他游客的情绪，若事故不是很严重，有可能的话要组织其他游客继续进行参观游览活动。等事故原因查明后，要慎重地向全团游客说明。

（五）协助有关部门做好善后工作

导游人员应积极配合交通、治安部门调查事故原因；协助旅行社有关人员处理善后事宜,如事故原因调查、帮助游客向有关保险公司索赔等。

(六)写出书面报告

交通事故处理结束后,导游人员要写出详细的事故报告。内容包括:事故的原因和经过,抢救经过,治疗情况,事故责任及责任者的处理,游客的情绪及对处理的反应等。报告内容力求详细、准确、客观,有可能的话,由领队、全陪和地陪联名签署报告。

【情景训练】

8月的一天,地陪小张带领一旅游团去新疆火焰山。途中,旅游车抛锚了,当时车外气温高达49度,周围又没有乘凉的地方。于是地陪小张便把车上所带的矿泉水分发给大家解暑。尽管如此,游客中仍有怨言,对这次旅行颇感失望。

训练要求:

一名学生扮演地陪小张,三名学生扮演游客,模拟地陪碰到旅游车在沙漠抛锚的交通意外时的处理情景。

任务二　治安事故

在旅游期间,游客遭遇到坏人行凶、诈骗、偷盗、抢劫、恐怖等活动,导致游客身心及财物受到不同程度的损害统称治安事故。

一、治安事故的预防

在接待工作中,导游人员要始终提高警惕,采取有效措施并随时提醒游客,尽力防止治安事故的发生。

1. 入住饭店后,提醒游客将贵重财物存放在饭店保险柜,不要随身携带。

2. 向游客讲清外币兑换的有关规定,提醒他们不要与私人兑换外币。

3. 提醒游客不要将自己的房间号告诉不熟悉的人;出入房间一定要锁好房门,尤其是夜晚不要贸然开门,以防意外;不要让不熟悉的人和自称饭店维修人员的人进入房间。

4. 离开旅游车时,提醒游客不要将证件和贵重物品遗留在车上,游客下车后提醒司机关好车窗、锁好车门。

5. 参观游览活动时,导游人员要始终和游客在一起。随时注意观察周围环境和游客的行踪,不时清点人数;发现可疑现象或在人多拥挤的公共场所,要提醒游客不要离开团队,注意保管好自己的财物,最好不要买小贩的东西,尽力引领游客避开。

6. 旅游车行驶途中,不得停车让非本车人员上车,若有不明身份者拦车,提醒司机不要停车。

二、治安事故的处理

一旦发生了治安事故,导游人员绝不能置身事外,而要全力保护游客的人身、财物安全。

1. 保护游客人身、财产安全。遇到歹徒骚扰、行凶、抢劫,导游人员要临危不惧,毫不犹豫地挺身而出,勇敢地保护游客。立即将旅游者转移到安全地点,并配合公安人员和在场群众缉拿罪犯,挽回游客的损失。导游人员要勇敢,但不能鲁莽行事,要防备歹徒的凶器,要保护游客的安全,也要保护好自己。

2. 组织抢救。若游客受伤,应立即做好必要的伤口处理,尽快送往附近医院。

3. 保护事故现场,立即报警。事故发生后,导游人员应应保护好事故现场,立即向公安机关报警并积极协助其破案。要实事求是地介绍事故发生的时间、地点、经过,提供作案人的特征以及受害者的姓名、性别、年龄、国籍、伤势,损失物品的名称、数量、大小、型号、特征等内容。

4. 报告接待旅行社。导游人员应及时将事故发生情况向旅行社领导报告,以便旅行社根据事故性质向有关部门上报和对此做出明确的指示。情况严重时,应请领导前来指挥处理。

5. 安抚游客的情绪。一旦事故发生,游客往往会有恐慌不安的情绪,导游人员应努力安抚游客的不安情绪,使旅游活动顺利进行。

6. 写出书面报告。导游人员应迅速写出详细、准确的事故情况报告。报告的内容应包括受害人的姓名、性别、年龄,受害情况,事故的性质,采取了的紧急措施,公安部门侦破情况,受害者和旅游团其他成员的反应和要求等。

7. 协助领导做好善后工作。导游人员应在领导指挥下,准备好必要的证明文件、材料,处理好补偿、索赔等善后事宜。

【补充阅读】

某领队率领的 29 名游客乘车去南非约翰内斯堡机场的高速公路途中,被一辆鸣警笛的车截住。车中的三名黑人持警棍登上旅游车声称进行例行检查,可是一名黑人伸手抢走了该领队的手提包,另一名黑人拿出短枪对着车上游客,第三名黑人则用英语高喊"打劫"。车上的游客被这突发的事态惊得不知所措,当地地陪也不知道怎么办。该领队虽然也是第一次遇到这种情况,但是,她想她是该团领队,必须首先保护好游客的安全。于是她同劫匪交涉说,只要他们不伤害游客,她会让游客把钱物交出来,以稳住劫匪。然后利用劫匪听不懂汉语,告知游客将护照和贵重物品收起,把一些便宜的物品交给他们。由于在公路上拦截时间不能太长,劫匪拿到东西后便撤走了。但是,还是有两位游客的护照被劫走了。随后她又帮助这两位游客办理回国手续,带领全团顺利回到祖国。如果你是该团领队,你将如何应对?

任务三　火灾事故

旅游团下榻的饭店在深夜客人熟睡时失火,会造成严重后果;地铁失火,逃生也是个很大的问题。导游人员不要因火灾事故不多而掉以轻心,也不要因没有经历过而惊慌失措。

一、火灾事故的预防

1. 做好必要提醒。为防止火灾的发生,导游人员应提醒游客不要携带易燃、易爆物品,不乱扔烟头和其他火种。向游客讲明交通运输部门的有关规定,不得将易燃、易爆物品夹带在行李中运输。

2. 熟悉饭店安全出口和转移路线。为了保证火灾发生时能够尽快疏散,导游人员要熟悉所在饭店楼层的太平门、安全出口、安全楼梯的位置,并向游客详细介绍;提醒他们熟悉客房门上贴的安全路线示意图,掌握失火时应走的路线;提醒游客,一旦发生火灾时,不要乘坐电梯,只能从安全通道逃生。

3. 牢记火警电话119。导游人员要牢记火警电话;掌握领队及全团成员的住房号码以便失火时及时通知他们。

二、火灾事故的处理

1. 立即报警。尽快拨打火警电话,准确说明失火地点。

2. 迅速通知领队及全团游客。导游人员要寻找本团游客,稳定游客情绪,要引导游客要尽量轻装、快速撤离。

3. 听从统一指挥。火灾逃离时,导游人员需要引领游客,配合景区或酒店工作人员,有序地通过安全出口疏散游客,需要避免楼梯拥挤引发踩踏。

4. 若无法逃离火灾现场时,导游人员要引导游客设法自救:

(1)若身上着火,可能时就地打滚,或用厚重的衣被压灭火苗。

(2)必须穿过浓烟时,用浸湿的衣物披裹身体,用湿毛巾捂住口鼻,沿着墙根爬行,穿越浓烟。

(3)大火封门无法逃出时,可用浸湿的衣、被将门缝封堵塞严或泼水降温。

(4)在窗口挥舞色彩鲜艳的衣物呼喊救援人员。

5. 正确处理善后事宜。游客脱离火灾现场后,导游人员要设法将游客集合在一起。如有游客受伤,导游人员应立即组织抢救受伤者,重伤者应立即送往医院;如有死亡的,按有关规定处理。导游人员要采取各种措施稳定游客情绪,设法使旅游活动继续进行。

6. 写出书面报告。导游人员应当写出翔实的事故报告,包括事故的起因、经过、施救的过程、游客的受伤情况、物品损失情况和情绪安抚状况等;协助办理证明、索赔等工作。

任务四　食物中毒

游客因食用含有某些毒素或被细菌污染的食物而引起的疾病,称为食物中毒。其发病症状有腹痛、腹泻、头晕、发烧、体力衰弱等。其特点是:潜伏期短,发病快,且常常集体发病,若抢救不及时会有生命危险。

一、食物中毒的预防

为防止食物中毒事故的发生,导游人员应该做到以下几点:

1. 严格执行在旅游定点餐厅就餐的规定。

2. 提醒游客不要在小摊上购买食物,不喝自来水或不洁生水;提醒游客不要随意采摘景点、景区中的野果食用,以免中毒;提醒游客吃买来的水果要洗净,最好去皮。

3. 用餐时,若发现食物、饮料不卫生,或有异味变质的情况,导游人员应立即要求更换,并要求餐厅负责人出面道歉,必要时向旅行社领导汇报。

二、食物中毒的处理

1. 设法催吐。导游人员发现游客食物中毒,应让患者多喝水以加速排泄,缓解毒性。

2. 请医生开具证明。立即将患者送医院抢救、治疗,请医生开具诊断证明,写明中毒原因。

3. 迅速报告旅行社并追究供餐单位的责任。若旅游团集体中毒,必须立即报告卫生防疫部门,追究有关单位的责任。

【补充阅读】

一北京旅游团游览九寨沟。从成都到九寨沟全程 385 公里,且路况不好,加上用餐、如厕,旅游车走了约 10 小时。到达一处山寨边时,大家看见路边有一筐筐水果,要求停车,很多人买了经不法商贩"加工"过的"新鲜"水果,当场食用,以求补充体能和水分。但没想到,不到半小时,就有人说肚子不舒服,在接下来的一个多小时里,全团 30 人竟有 22 人发病,其中包括全陪。看到这种情况,地陪介绍再往前开车 1 个多小时,就到松潘县城,那里有医院。于是旅游车赶往县城。导游人员则组织没有发病的游客,为病人喂水,帮他们擦汗,一路上安慰他们、照顾他们。在即将抵达县城时,地陪拨通了 120,很快,急救车就迎上来了,对重病号进行救治。晚 7 时,到了县城。经过一夜紧急救治,除两人外,其他人基本康复。全陪、地陪和司机商量,决定由全陪留下照顾这两人,还留下其中一人的家属,其余游客则由地陪带领前往九寨沟;与游客商量后,决定放弃海拔较高的黄龙景区。次日,留下的两位游客也已康复,搭乘其他团的旅游车赶到九寨沟,与大家一起游览。

附录 **1**
导游服务质量
(GB/T 15971-1995)

前　言

本标准对导游服务质量提出了要求,并规定了涉及导游服务过程中的若干问题的处理原则,其目的是保障和提高导游服务的质量,促进中国旅游事业的发展。

本标准的技术要求借鉴了旅游行业导游服务几十年的实践工作经验、国家和部分企业的有关规章制度与导游工作规范,并参照了国外的相关资料。

本标准的附录 A 是标准的附录。

本标准由国家旅游局提出。

本标准由全国旅游标准化技术委员会归口并负责解释。

本标准起草单位:中国国际旅行社总社。

本标准主要起草人:张蓬昆、梁杰、范巨灵、朱彬、关莉。

1　范围

本标准规定了导游服务的质量要求,提出了导游服务过程中若干问题的处理原则。

本标准适用于各类旅行社的接待游客过程中提供的导游服务。

2　定义

本标准采用下列定义。

2.1　旅行社 travel service

依法设立并具有法人资格,从事招徕、接待旅行者,组织旅游活动,实行独立核算的企业。

2.2　组团旅行社(简称组团社)domestic tour wholesaler

接受旅游团(者)或海外旅行社预定,制订和下达接待计划,并可提供全程陪同导游服务的旅行社。

2.3　接待旅行社(简称接待社)domestic land operator

接受组团社的委托,按照接待计划委派地方陪同导游人员,负责组织安排旅游团(者)在当地参观游览等活动的旅行社。

2.4　领队 tour escort

受海外旅行社委派,全权代表该旅行社带领旅游团从事旅游活动的工作人员。

2.5　导游人员 tour guide

持有中华人民共和国导游资格证书、受旅行社委派、按照接待计划,从事陪同旅游团(者)参观、游览等工作的人员。导游人员包括全程陪同导游人员和地方陪同导游人员。

2.5.1　地方陪同导游人员(简称地陪)local guide

受接待旅行社委派,代表接待社,实施接待计划,为旅游团(者)提供当地旅游活动安排、讲解、翻译等服务的导游人员。

2.5.2　全程陪同导游人员(简称全陪)national guide

受组团旅行社委派,作为组团社的代表,在领队和地方陪同导游人员的配合下实施接待计划,为旅游团(者)提供全旅程陪同服务的导游人员。

3　全陪服务

全陪服务是保证旅游团(者)的各项旅游活动按计划实施,旅行顺畅、安全的重要因素之一。

全陪作为组团社的代表,应自始至终参与旅游团(者)全旅程的活动,负责旅游团(者)移动中各环节的衔接,监督接待计划的实施,协调领队、地陪、司机等旅游接待人员的协作关系。

全陪应严格按照服务规范提供各项服务。

3.1　准备工作要求

准备工作是全陪服务的重要环节之一。

3.1.1　熟悉接待计划

上团前,全陪要认真查阅接待计划及相关资料,了解旅游团(者)的全面情况,注意掌握其重点和特点。

3.1.2　做好物质准备

上团前,全陪要做好必要的物质准备,携带必备的证件和有关资料。

3.1.3　与接待社联络

根据需要,接团的前一天,全陪应同接待社取得联系,互通情况,妥善安排好有关事宜。

3.2　首站(入境站)接团服务要求

首站接团服务要使旅游团(者)抵达后能立即得到热情友好的接待,游客有宾至如归的感觉。

(1)接团前,全陪应向接待社了解本站接待工作的详细安排情况;

(2)全陪应提前半小时到接站地点迎候旅游团(者);

(3)接到旅游团(者)后,全陪应与领队核实有关情况;

(4)全陪应协助领队向地陪交接行李;

(5)全陪应代表组团社和个人向旅游团(者)致欢迎辞。欢迎辞应包括表示欢迎、自我介绍、表示提供服务的真诚愿望、预祝旅行顺利愉快等内容。

3.3　进住饭店服务要求

进住饭店服务应使旅游团(者)进入饭店后尽快完成住宿登记手续、进住客房、取得行李。为此,全陪应积极主动地协助领队办理旅游团的住店手续,并热情地引导游客进入房间,还应协助有关人员随时处理游客进店过程中可能出现的问题。

3.4　核对商定日程

全陪应认真与领队核对、商定日程。如遇难以解决的问题,应及时反馈给组团社,并使领队得到及时的答复。

3.5　各站服务要求

全陪各站服务,应使接待计划得以全面顺利实施,各站之间有机衔接,各项服务适时、到位,保护好游客人身及财产安全,突发事件得到及时有效处理,为此:

(1)全陪应向地陪通报旅游团的情况,并积极协助地陪工作;

(2)监督各地服务质量,酌情提出改进意见和建议;

(3)出现突发事件按附录 A(标准的附录)的有关原则执行。

3.6　离站服务要求

全陪应提前提醒地陪落实离站的交通票据及准确时间,协助领队和地陪妥善办理离店事宜,认真做好旅游团(者)搭乘交通工具的服务。

3.7　途中服务要求

在向异地移动途中,无论乘坐何种交通工具,全陪应提醒游客注意人身和物品的安全;组织好娱乐活动,协助安排好饮食和休息,努力使旅游团(者)旅行充实、轻松、愉快。

3.8　末站(离境站)服务要求

末站(离境站)的服务是全陪服务中最后的接待环节,要使旅游团(者)顺利离开末站(离境站),并留下良好的印象。

在当次旅行结束时,全陪应提醒游客带好自己的物品和证件,征求游客对接待工作的意见和建议,对旅途中的合作表示感谢,并欢迎再次光临。

3.9　处理好遗留问题

下团后,全陪应认真处理好旅游团(者)的遗留问题。

全陪应认真、按时填写全陪日志或其他旅游行政管理部门(或组团社)所要求的资料。

4　地陪服务

地陪服务是确保旅游团(者)在当地参观游览活动的顺利,并充分了解和感受参观游览对象的重要因素之一。

地陪应按时做好旅游团(者)在本站的迎送工作;严格按照接待计划,做好旅游团(者)参观游览过程中的导游讲解工作和计划内的食宿、购物、文娱等活动的安排;妥善处理各方面的关系和出现的问题。

地陪应严格按照服务规范提供各项服务。

4.1　准备工作要求

做好准备工作,是地陪提供良好服务的重要前提。

4.1.1　熟悉接待计划

地陪应在旅游团(者)抵达之前认真阅读接待计划和有关资料,详细、准确地了解该旅游团(者)的服务项目和要求,重要事宜做好记录。

4.1.2　落实接待事宜

地陪在旅游团(者)抵达的前一天,应与各有关部门或人员落实、核查旅游团(者)的交通、食宿、行李运输等事宜。

4.1.3　做好物质准备

上团前,地陪应做好必要的物质准备,带好接待计划、导游证、胸卡、导游旗、接站牌、结算凭证等物品。

4.2　接站服务要求

在接站过程中,地陪服务应使旅游团(者)在接站地点得到及时、热情、友好的接待,了解在当地参观游览活动的概况。

4.2.1　旅游团(者)抵达前的服务安排

地陪应在接站出发前确认旅游团(者)所乘交通工具的准确抵达时间。

地陪应提前半小时抵达接站地点,并再次核实旅游团(者)抵达的准确时间。

地陪应在旅游团(者)出站前与行李员取得联络,通知行李员行李送往的地点。地陪应与司机商定车辆停放的位置。

地陪应在旅游团(者)出站前持接站标志,站立在出站口醒目的位置热情迎接游客。

4.2.2　旅游团(者)抵达后的服务

旅游团(者)出站后,如旅游团中有领队或全陪,地陪应及时与领队、全陪接洽。

地陪应协助游客将行李放在指定位置,与领队、全陪核对行李件数无误后,移交给行李员。

地陪应及时引导游客前往乘车处。游客上车时,地陪应恭候车门旁。上车后,应协助游客就座,礼貌地清点人数。

行车过程中,地陪应向旅游团(者)致欢迎辞并介绍本地概况。欢迎辞内容应包括:

(1)代表所在接待社、本人及司机欢迎游客光临本地;

(2)介绍自己姓名及所属单位;

(3)介绍司机;

(4)表示提供服务的诚挚愿望;

(5)预祝旅游愉快顺利。

4.3　入店服务要求

地陪服务应使游客抵达饭店后尽快办理好入店手续,进住房间,取到行李,及时了解饭店的基本情况和住店注意事项,熟悉当天或第二天的活动安排,为此地陪应在抵饭店的途中向游客简单介绍饭店情况及入店、住店的有关注意事项,内容应包括:

(1)饭店名称和位置;

(2)入店手续;

(3)饭店的设施和设备的使用方法;

(4)集合地点及停车地点。

旅游团(者)抵饭店后,地陪应引导游客到指定地点办理入店手续。

游客进入房间之前,地陪应向游客介绍饭店内就餐形式、地点、时间,并告知有关活动的时间安排。

地陪应等待行李送达饭店,负责核对行李,督促行李员及时将行李送至游客房间。

地陪在结束当天活动离开饭店之前,应安排好叫早服务。

4.4 核对、商定节目安排

旅游团(者)开始参观游览之前,地陪应与领队、全陪核对商定本地节目安排,并及时通知到每一位游客。

4.5 参观游览过程中的导游、讲解服务要求

参观游览过程中的地陪服务,应努力使旅游团(者)参观游览全过程安全、顺利。应使游客详细了解参观游览对象的特色、历史背景等及其他感兴趣的问题。

4.5.1 出发前的服务

出发前,地陪应提前十分钟到达集合地点,并督促司机做好出发前的各项准备工作。

地陪应请游客及时上车。上车后,地陪应清点人数,向游客报告当日重要新闻、天气情况及当日活动安排,包括午、晚餐的时间、地点。

4.5.2 抵景点途中的讲解

在前往景点的途中,地陪应相机向游客介绍本地的风土人情、自然景观,回答游客提出的问题。

抵达景点前,地陪应向游客介绍该景点的简要情况,尤其是景点的历史价值和特色。抵达景点时,地陪应告知在景点停留的时间,以及参观游览结束后集合的时间和地点。地陪还应向游客讲明游览过程中的有关注意事项。

4.5.3 景点导游、讲解

抵达景点后,地陪应对景点进行讲解。讲解内容应繁简适度,应包括该景点的历史背景、特色、地位、价值等方面的内容。讲解的语言应生动,富有表达力。

在景点导游的过程中,地陪应保证在计划的时间与费用内,游客能充分地游览、观赏,做到讲解与引导游览相结合、适当集中与分散相结合,劳逸适度,并应特别关照老弱病残的游客。

在景点导游的过程中,地陪应注意游客的安全,要自始至终与游客在一起活动,并随时清点人数,以防游客走失。

4.6 旅游团(者)就餐时对地陪的服务要求

旅游团(者)就餐时,地陪的服务应包括:

(1)简单介绍餐馆及其菜肴的特色;

(2)引导游客到餐厅入座,并介绍餐馆的有关设施;

(3)向游客说明酒水的类别;

(4)解答游客在用餐过程中的提问,解决出现的问题。

4.7 旅游团(者)购物时对地陪的服务要求

旅游团(者)购物时,地陪应:

(1)向旅游团(者)介绍本地商品的特色;

(2)随时提供游客在购物过程中所需要的服务,如翻译、介绍托运手续等。

4.8 旅游团(者)观看文娱节目时对地陪的服务要求

旅游团(者)观看计划内的文娱节目时,地陪的服务应包括:

(1)简单介绍节目内容及其特点;

(2)引导游客入座。

在旅游团(者)观看节目过程中,地陪应自始至终坚守岗位。

4.9 结束当日活动时的服务要求

旅游团(者)在结束当日活动时,地陪应询问其对当日活动安排的反映,并宣布次日的活动日程、出发时间及其他有关事项。

4.10 送站服务要求

旅游团(者)结束本地参观游览活动后,地陪服务应使游客顺利、安全离站,遗留问题得到及时妥善的处理。

(1)旅游团(者)离站的前一天,地陪应确认交通票据及离站时间,通知游客移交行李和与饭店结账的时间;

(2)离饭店前,地陪应与饭店行李员办好行李交接手续;

(3)地陪应诚恳征求游客对接待工作的意见和建议,并祝游客旅途愉快;

(4)地陪应将交通和行李票证移交给全陪、领队或游客;

(5)地陪应在旅游团(者)所乘交通工具起动后方可离开;

(6)如系旅游团(者)离境,地陪应向其介绍办理出境手续的程序。如系乘机离境,地陪还应提醒或协助领队或游客提前 72 小时确认机座。

4.11 处理好遗留问题

下团后,地陪应认真处理好旅游团(者)的遗留问题。

5 导游人员的基本素质

为保证导游服务质量,导游人员应具备以下基本素质。

5.1 爱国主义意识

导游人员应具有爱国主义意识,在为游客提供热情有效服务的同时,要维护国家的利益和民族的自尊。

5.2 法规意识和职业道德

5.2.1 遵纪守法

导游人员应认真学习并模范遵守有关法律及规章制度。

5.2.2 遵守公德

导游人员应讲文明,模范遵守社会公德。

5.2.3 尽职敬业

导游人员应热爱本职工作,不断检查和改进自己的工作,努力提高服务水平。

5.2.4 维护游客的合法权益

导游人员应有较高的职业道德,认真完成旅游接待计划所规定的各项任务,维护游客的合法权益。对游客所提出的计划外的合理要求,经主管部门同意,在条件允许的情况下应尽力予以满足。

5.3 业务水平

5.3.1 能力

导游人员应具备较强的组织、协调、应变等办事能力。

无论是外语、普通话、地方语和少数民族语言导游人员,都应做到语言准确、生动、形象、富有表达力,同时注意使用礼貌用语。

5.3.2 知识

导游人员应有较广泛的基本知识,尤其是政治、经济、历史、地理以及国情、风土习俗等方面的知识。

5.4 仪容仪表

导游人员应穿工作服或指定的服装,服装要整洁、得体。

导游人员应举止大方、端庄、稳重,表情自然、诚恳、和蔼,努力克服不合礼仪的生活习惯。

6 导游服务质量的监督与检查

各旅行社应建立健全导游服务质量的检查机构,依据本标准对导游服务进行监督检查。

旅游行政管理部门依据本标准检查导游服务质量,受理游客对导游服务质量的投诉。

附录 A

(标准的附录)
若干问题处理原则

A1 路线或日程变更

A1.1 旅游团(者)要求变更计划行程

旅游过程中,旅游团(者)提出变更路线或日程的要求时,导游人员原则上应按合同执行,特殊情况报组团社。

A1.2 客观原因需要变更计划行程

旅游过程中,因客观原因需要变更路线或日程时,导游人员应向旅游团(者)作好解释工作,及时将旅游团(者)的意见反馈给组团社和接待社,并根据组团社或接待社的安排做好工作。

A2 丢失证件或物品

当游客丢失证件或物品时,导游人员应详细了解丢失情况,尽力协助寻找,同时报告组团社或接待社,根据组团社或接待社的安排协助游客向有关部门报案,补办必要的手续。

A3 丢失或损坏行李

当游客的行李丢失或损坏时,导游人员应详细了解丢失或损坏情况,积极协助查找责任者。当难以找出责任者时,导游人员应尽量协助当事人开具有关证明,以便向投保公司索赔,并视情况向有关部门报告。

A4 游客伤病、病危或死亡

A4.1 游客伤病

游客意外受伤或患病时,导游人员应及时探视,如有需要,导游人员应陪同患者前往医院就诊。严禁导游人员擅自给患者用药。

A4.2 游客病危

游客病危时,导游人员应立即协同领队或亲友送病人去急救中心或医院抢救,或请医生前来抢救。患者如系某国际急救组织的投保者,导游人员还应提醒领队及时与该组织的代理机构联系。

在抢救过程中,导游人员应要求旅游团的领队或患者亲友在场,并详细地记录患者患病前后的症状及治疗情况。

在抢救过程中,导游人员应随时向当地接待社反映情况;还应提醒领队及时通知患者亲属,如患者系外籍人士,导游人员应提醒领队通知患者所在国驻华使(领)馆;同时妥善安排好旅游团其他游客的活动。全陪应继续随团旅行。

A4.3 游客死亡

出现游客死亡的情况时,导游人员应立即向当地接待社报告,由当地接待社按照国家有关规定做好善后工作,同时导游人员应稳定其他游客的情绪,并继续做好旅游团的接待工作。

如系非正常死亡,导游人员应注意保护现场,并及时报告当地有关部门。

A5 其他

如遇上述之外的其他问题,导游人员应在合理与可能的前提下,积极协助有关人员予以妥善处理。

附录 **2**

旅行社国内旅游服务质量要求
（LB/T 004-1997）

1. 范围

本标准提出了旅行社组织国内旅游活动所应具备的产品和质量要求。

本标准适用于经营国内旅游业务的国际、国内旅行社。

2. 引用标准

下列标准所包含的条文，通过在本标准中引用而构成为本标准的条文。在标准出版时，所示版本均为有效，所有标准都会被修订，使用本标准的各方应探讨、使用下列标准最新版本的可能性。

GB/T15971-1995 导游服务质量

GB/16153-1996 饭店（餐厅）卫生标准

GB/T19004.2-1994 质量管理和质量体系要素第二部分：服务指南（idt ISO 9004-2：1991）

LB/T 002-1995 旅游汽车服务质量

3. 定义

本标准采用下列定义。

3.1 国内旅游

中国公民在境内的旅行和游览活动。

3.2 门市

旅行社为方便宣传、招徕和接待国内游客而专门设立的营业场所。

4. 旅游产品的要求

4.1 市场需求原则

旅行社提供旅游产品应符合游客的愿望，满足不同消费层次的需求，为游客喜闻乐见。

4.2 安全第一原则

旅行社向游客提供的旅游产品应有安全保障。

4.3 安排合理原则

旅行社开发的旅游产品应交通行程合理，组织联接性强，有一定的系列化程度。

4.4 确保履约原则

旅行社对所提供的产品一般应确保完全履约,意外情况发生时,应有合理对策。

5. 旅游产品的提供

5.1 旅行社对旅游产品的宣传应特色显著、具体详尽、实事求是。

5.2 旅行社销售旅游产品时应质价相符、明码标价。

5.3 旅行社出售旅游产品时应具备规范的销售手续,并按附录 A(标准的附录)实施组团合同制度。

5.4 旅行社销售旅游产品时应为游客投旅游意外保险。对其外报价目应包含保险费,组团旅行社与接团旅行社及旅行社与游客之间应签订保险方面的协议。

5.5 旅行社在旅游产品销售后应准确、及时地制订和发送接待旅游计划。有特殊情况时,要更改接待计划的,应及时通知游客和负责接待的旅行社。

5.6 门市服务应符合下列要求:

5.6.1 门市服务环境

(1)整洁、明亮;

(2)配置必要的设施、设备和办公用具;

(3)准确、鲜明地介绍旅游产品的内容。

5.6.2 门市服务人员

(1)遵守旅游职业道德和岗位规范;

(2)佩戴胸卡,服饰整洁,精神饱满,端庄大方;

(3)用普通话和民族语言,态度热情、礼貌、认真、耐心;

(4)主动、具体、详实地介绍相应的旅行日程;

(5)满足游客的需求,帮助选择、组织和安排旅游产品;

(6)计价收费手续完备,账款清楚。

5.6.3 旅游产品销售成交后,门市服务人员应向游客:

(1)开具正式发票;

(2)按附录 A(标准的附录)签订组团合同;

(3)发放旅行日程、参团须知、赔偿细则等;

(4)交代出发的时间和地点;

(5)无全陪的团体和散客须被告知旅游目的地的具体接洽办法和应急措施;

(6)提醒其他注意事项。

6. 旅游接待服务

6.1 履约服务

旅行社应按组团合同或与散客约定的内容和标准为游客提供服务。

6.2 内部运作

旅行社应严格管理,做到外联、计划、调度和接待内部运作有机衔接,确保准确无误。

6.3 相关服务

旅行社应加强横向联合,应与各相关服务单位签订合同,保障交通、住宿、餐饮和游览等相关服务内容和标准符合接待计划。

6.3.1 餐饮

(1)旅行社应向游客公开就餐标准,不得降低或克扣餐馆标准。

(2)所选餐馆应明码标价,确保膳食质量。

(3)所选餐馆应环境整洁,符合 GB16153 的要求;提供的食品、饮料应符合国家有关法律法规的要求。

6.3.2 住宿

(1)旅行社选订的旅馆应符合所承诺的标准。

(2)旅馆设施设备装饰完好,方便游客使用。

(3)旅馆应具有完善的安全保卫措施,切实保障游客的人身财产安全。

6.3.3 交通

旅游过程提供的汽车服务应符合 LB/T002 的规定和合同承诺的车辆标准。

6.3.4 游览点应按承诺安排游览点,未经游客同意,不得擅自增减游览项目。

6.3.5 特殊情况处理

(1)旅行社对游客在旅游过程出现的特殊情况,如事故死亡、行程受阻、财物丢失、被抢被盗、疾病救护等,应积极协助处理。

(2)旅行社应建立健全应急处理系统制度。

(3)旅行社在处理特殊情况时,应维护游客的合法权益,不推卸责任,不草率应付,积极排除险情,妥善解决问题。

6.4 导游服务

6.4.1 旅行社应为每辆旅游车的游客配备至少 1 名导游人员。

6.4.2 导游人员的基本素质及服务应符合 GB/T15971 的规定。

6.4.3 导游人员应具有一定的安全知识和防范技能,以保障游客的人身安全。

7. 旅游服务质量的保证和监督

7.1 旅行社应按 GB/T19004.2 建立服务质量保证体系。

7.2 旅游服务质量的监督。

7.2.1 旅行社应向游客发放并回收"征求意见表"。

7.2.2 旅行社应开展有目的、有计划、有选择地回访游客的工作。

7.2.3 旅行社应根据游客的合理建议和意见,采取有效措施改进服务工作,提高旅游服务质量。

7.3 投诉处理。

7.3.1 旅行社对游客的投诉应耐心受理、查明情况,实事求是处理。

7.3.2 旅行社应设专职负责处理游客的投诉。对于重大旅游投诉,旅行社主要管理人员应亲自负责处理。

附录 3
导游领队引导文明规范

1 范围

本规范规定了旅行社组织、接待旅游（团）者过程中，导游员、出境旅游领队引导游客文明旅游的基本要求、具体内容和相应规范。

本规范适用于旅行社组织、接待的旅游（团）者，包括中国公民境内旅游、出境旅游，以及境外国家或地区到中国境内旅游的旅游（团）者。

2 规范性引用文件

下列文件对于本文件的应用是必不可少的。凡是注日期的引用文件，仅注日期的版本适用于本文件。凡是不注日期的引用文件，其最新版本（包括所有的修改单）适用于本文件。

GB/T 15971-2010 导游服务规范

LB/T 005 旅行社出境旅游服务规范

LB/T 008 旅行社服务通则

3 术语和定义

3.1 导游员 tour guide

符合上岗资格的法定要求，接受旅行社委派，直接为旅游团（者）提供向导、讲解及旅游服务的人员。导游员包括全程陪同导游员和地方陪同导游员。

本定义依据 GB/T 15971-2010 导游服务规范。

3.2 出境旅游领队 outbound tour escort

依法取得从业资格，受组团社委派，全权代表组团社带领旅游团出境旅游，监督境外接待旅行社和导游人员等执行旅游计划，并为游客提供出入境等相关服务的工作人员。

本定义依据 LB/T 005 旅行社出境旅游服务规范。

3.3 旅行社 travel service

从事招徕、组织、接待游客等活动，为游客提供相关旅游服务，开展旅游业务的企业法人。

4 总体要求

4.1 引导的基本要求

4.1.1 一岗双责

（1）导游领队人员应兼具为游客提供服务与引导游客文明旅游两项职责。

（2）导游领队人员在引导游客文明旅游过程中应体现服务态度、坚持服务原则，在服务游客过程中应包含引导游客文明旅游的内容。

4.1.2　掌握知识

（1）导游领队人员应具备从事导游领队工作的基本专业知识和业务技能。

（2）导游领队人员应掌握我国旅游法律、法规、政策以及有关规范性文件关于文明旅游的规定和要求。

（3）导游领队人员应掌握基本的文明礼仪知识和规范。

（4）导游领队人员应熟悉旅游目的地法律规范、宗教信仰、风俗禁忌、礼仪知识、社会公德等基本情况。

（5）导游领队人员应掌握必要的紧急情况处理技能。

4.1.3　率先垂范

（1）导游领队人员在工作期间应以身作则、遵纪守法、恪守职责，体现良好的职业素养和职业道德，为游客树立榜样。

（2）导游领队人员在工作期间应注重仪容仪表、衣着得体，展现导游领队职业群体的良好形象。

（3）导游领队人员在工作期间应言行规范，举止文明，为游客做出良好示范。

4.1.4　合理引导

（1）导游领队人员对游客文明旅游的引导应诚恳、得体。

（2）导游领队人员应有维护文明旅游的主动性和自觉性，关注游客的言行举止，在适当时机对游客进行相应提醒、警示、劝告。

（3）导游领队人员应积极主动营造轻松和谐的旅游氛围，引导游客友善共处、互帮互助，引导游客相互督促、友善提醒。

4.1.5　正确沟通

（1）在引导时，导游领队人员应注意与游客充分沟通，秉持真诚友善原则，增强与游客之间的互信，增强引导效果。

（2）对游客的正确批评和合理意见，导游领队人员应认真听取、虚心接受。

4.1.6　分类引导

（1）针对不同游客的引导

①在带团工作前，导游领队人员应熟悉团队成员、旅游产品、旅游目的地的基本情况，为恰当引导游客做好准备。

②对未成年人较多的团队，应侧重对家长的引导，并需特别关注未成年人特点，避免损坏公物、喧哗吵闹等不文明现象发生。

③对无出境记录游客，应特别提醒旅游目的地风俗禁忌和礼仪习惯，以及出入海关、边防（移民局）的注意事项，提前告知和提醒。

④游客生活环境与旅游目的地环境差异较大时，导游领队应提醒游客注意相关习惯、理念差异，避免言行举止不合时宜而导致的不文明现象。

（2）针对不文明行为的处理

①对于游客因无心之过而与旅游目的地风俗禁忌、礼仪规范不协调的行为，应及时提醒

和劝阻,必要时协助游客赔礼道歉。

②对于从事违法或违反社会公德活动的游客,或从事严重影响其他游客权益的活动,不听劝阻、不能制止的,根据旅行社的指示,导游领队可代表旅行社与其解除旅游合同。

③对于从事违法活动的游客,不听劝阻、无法制止,后果严重的,导游领队人员应主动向相关执法、管理机关报告,寻求帮助,依法处理。

4.2　引导的主要内容

4.2.1　法律法规

导游领队人员应将我国和旅游目的地国家和地区文明旅游的有关法律规范和相关要求向游客进行提示和说明,避免游客出现触犯法律的不文明行为。引导游客爱护公物、文物,遵守交通规则,尊重他人权益。

4.2.2　风俗禁忌

导游领队人员应主动提醒游客尊重当地风俗习惯、宗教禁忌。在有支付小费习惯的国家和地区,应引导游客以礼貌的方式主动向服务人员支付小费。

4.2.3　绿色环保

导游领队人员应向游客倡导绿色出游、节能环保,宜将具体环保常识和方法向游客进行说明。引导游客爱护旅游目的地自然环境,保持旅游场所的环境卫生。

4.2.4　礼仪规范

导游领队人员应提醒游客注意基本的礼仪规范:仪容整洁、遵序守时、言行得体。提醒游客不在公共场合大声喧哗、违规抽烟,提醒游客依序排队、不拥挤争抢。

4.2.5　诚信善意

导游领队人员应引导游客在旅游过程中保持良好心态,尊重他人、遵守规则、恪守契约、包容礼让,展现良好形象。通过旅游提升文明素养。

5　具体规范

5.1　出行前

5.1.1　导游领队应在出行前将旅游文明需要注意的事项以适当方式告知游客。

5.1.2　导游领队参加行前说明会的,宜在行前说明会上,向游客讲解《中国公民国内旅游文明行为公约》或《中国公民出境旅游文明行为指南》,提示基本的文明旅游规范,并将旅游目的地的法律法规、宗教信仰、风俗禁忌、礼仪规范等内容系统、详细告知游客,使游客在出行前具备相应知识,为文明旅游做好准备。

5.1.3　不便于召集行前说明会或导游领队不参加行前说明会的,导游领队宜向游客发送电子邮件、传真,或通过电话沟通等方式,将文明旅游的相关注意事项和规范要求进行说明和告知。

5.1.4　在旅游出发地机场、车站等集合地点,导游领队应将文明旅游事项向游客进行重申。

5.1.5　如旅游产品具有特殊安排,如乘坐的廉价航班上不提供餐饮、入住酒店不提供一次性洗漱用品的,导游领队应向游客事先告知和提醒。

5.2　登机(车、船)与出入口岸

5.2.1　导游领队应提醒游客提前办理检票、安检、托运行李等手续,不携带违禁物品。

5.2.2 导游领队应组织游客依序候机(车、船),并优先安排老人、未成年人、孕妇、残障人士。

5.2.3 导游领队应提醒游客不抢座、不占位,主动将上下交通工具方便的座位让给老人、孕妇、残障人士和带婴幼儿的游客。

5.2.4 导游领队应引导游客主动配合机场、车站、港口以及安检、边防(移民局)、海关的检查和指挥。与相关工作人员友好沟通,避免产生冲突,携带需要申报的物品,应主动申报。

5.3 乘坐公共交通工具

5.3.1 导游领队宜利用乘坐交通工具的时间,将文明旅游的规范要求向游客进行说明和提醒。

5.3.2 导游领队应提醒游客遵守和配合乘务人员指示,保障交通工具安全有序运行,如乘机时应按照要求使用移动电话等电子设备。

5.3.3 导游领队应提醒游客乘坐交通工具的安全规范和基本礼仪,遵守秩序,尊重他人:如乘机(车、船)时不长时间占用通道或卫生间,不强行更换座位,不强行开启安全舱门。避免不文雅的举止,不无限制索要免费餐饮等。

5.3.4 导游领队应提醒游客保持交通工具内的环境卫生、不乱扔乱放废弃物。

5.4 住宿

5.4.1 导游领队应提醒游客尊重服务人员,服务人员问好时要友善回应。

5.4.2 导游领队应指引游客爱护和正确使用住宿场所设施设备,注意维护客房和公用空间的整洁卫生,提醒游客不在酒店禁烟区域抽烟。

5.4.3 导游领队应引导游客减少一次性物品的使用,减少环境污染,节水节电。

5.4.4 导游领队应提醒游客在客房区域举止文明,如在走廊等公共区域衣着得体,出入房间应轻关房门,不吵闹喧哗,宜调小电视音量,以免打扰其他客人休息。

5.4.5 导游领队应提醒游客在客房内消费的,应在离店前主动声明并付费。

5.5 餐饮

5.5.1 导游领队应提醒游客注意用餐礼仪,有序就餐,避免高声喧哗干扰他人。

5.5.2 导游领队应引导游客就餐时适量点用,避免浪费。

5.5.3 导游领队应提醒游客自助餐区域的食物、饮料不能带离就餐区。

5.5.4 集体就餐时,导游领队应提醒游客正确使用公共餐具。

5.5.5 游客如需在就餐时抽烟,导游领队应指示游客到指定抽烟区域就座,如就餐区禁烟的,应遵守相关规则。

5.5.6 就餐环境对服装有特殊要求的,导游领队应事先告知游客,以便游客准备。

5.5.7 在公共交通工具或博物馆、展览馆、音乐厅等场所,应遵守相关规则,勿违规饮食。

5.6 游览

5.6.1 导游领队宜将文明旅游的内容融合在讲解词中,进行提醒和告知。

5.6.2 导游领队应提醒游客遵守游览场所规则,依序文明游览。

5.6.3 在自然环境中游览时,导游领队应提示游客爱护环境、不攀折花草、不惊吓伤害动物,不进入未开放区域。

5.6.4　观赏人文景观时,导游领队应提示游客爱护公物、保护文物,不攀登骑跨或胡写乱划。

5.6.5　在参观博物馆、教堂等室内场所时,导游领队应提示游客保持安静,根据场馆要求规范使用摄影摄像设备,不随意触摸展品。

5.6.6　游览区域对游客着装有要求的(如教堂、寺庙、博物馆、皇宫等),导游领队应提前一天向游客说明,提醒准备。

5.6.7　导游领队应提醒游客摄影摄像时先后有序,不妨碍他人。如需拍摄他人肖像或与他人合影,应征得同意。

5.7　娱乐

5.7.1　导游领队应组织游客安全、有序、文明、理性参与娱乐活动。

5.7.2　导游领队应提示游客观赏演艺、比赛类活动时遵守秩序:如按时入场、有序出入。中途入场或离席以及鼓掌喝彩应合乎时宜。根据要求使用摄像摄影设备,慎用闪光灯。

5.7.3　导游领队应提示游客观看体育比赛时,尊重参赛选手和裁判,遵守赛场秩序。

5.7.4　游客参加涉水娱乐活动的,导游领队应事先提示游客听从工作人员指挥,注意安全,爱护环境。

5.7.5　导游领队应提示游客在参加和其他游客、工作人员互动活动时,文明参与、大方得体,并在活动结束后对工作人员表示感谢,礼貌话别。

5.8　购物

5.8.1　导游领队应提醒游客理性、诚信消费,适度议价,善意待人,遵守契约。

5.8.2　导游领队应提醒游客遵守购物场所规范,保持购物场所秩序,不哄抢喧哗,试吃试用商品应征得同意,不随意占用购物场所非公共区域的休息座椅。

5.8.3　导游领队应提醒游客尊重购物场所购物数量限制。

5.8.4　在购物活动前,导游领队应提醒游客购物活动结束时间和购物结束后的集合地点,避免游客迟到、拖延而引发的不文明现象发生。

5.9　如厕

5.9.1　在旅游过程中,导游领队应提示游客正确使用卫生设施;在如厕习惯特别的国家或地区,或卫生设施操作复杂的,导游领队应向游客进行相应说明。

5.9.2　导游领队应提示游客维护卫生设施清洁、适度取用公共卫生用品,并遵照相关提示和说明不在卫生间抽烟或随意丢弃废弃物、不随意占用残障人士专用设施。

5.9.3　在乘坐长途汽车前,导游领队应提示游客行车时间,提醒游客提前上卫生间。在长途行车过程中,导游领队应与司机协调,在中途安排停车如厕。

5.9.4　游览过程中,导游领队应适时提示卫生间位置,尤其应注意引导家长带领未成年人使用卫生间,不随地大小便。

5.9.5　在游客众多的情况下,导游领队应引导游客依序排队使用卫生间、并礼让急需的老人、未成年人、残障人士。

5.9.6　在野外无卫生间等设施设备的情况下,导游领队应引导游客在适当的位置如厕,避免污染水源或影响生态环境。并提示游客填埋、清理废弃物。

6 特殊/突发情况处理

6.1 旅游过程中遭遇特殊/突发情况,如财物被抢被盗、重大传染性疾病、自然灾害、交通工具延误等情形,导游领队应沉着应对,冷静处理。

6.2 需要游客配合相关部门处理的,导游领队应及时向游客说明,进行安抚劝慰,导游领队还应积极协助有关部门进行处理。在突发紧急情况下,导游领队应立即采取应急措施,避免损失扩大,事态升级。

6.3 导游领队应在游客和相关机构和人员发生纠纷时,及时处理、正确疏导,引导游客理性维权、化解矛盾。

6.4 遇游客采取拒绝上下机(车、船)、滞留等方式非理性维权的,导游领队应与游客进行沟通、晓以利害。必要时应向驻外使领馆或当地警方等机构报告,寻求帮助。

7 总结反馈

7.1 旅游行程全部结束后,导游领队向旅行社递交的带团报告或团队日志中,宜有总结和反馈文明旅游引导工作的内容,以便积累经验并在导游领队人员中进行培训、分享。

7.2 旅游行程结束后,导游领队宜与游客继续保持友好交流、并妥善处理遗留问题。

7.3 对旅游过程中严重违背社会公德、违反法律规范,影响恶劣,后果严重的游客,导游领队人员应将相关情况向旅行社进行汇报,并通过旅行社将该游客的不文明行为向旅游管理部门报告,经旅游管理部门核实后,纳入游客不文明旅游记录。

7.4 旅行社、导游行业组织等机构应做好导游领队引导文明旅游的宣传培训和教育工作。